성경신학 총론

성경신학 총론

초판1쇄 인쇄 2021년 5월 26일
초판1쇄 발행 2021년 5월 28일

지은이 문용권
발행인 이왕재

펴낸곳 건강과 생명(www.healthlife.co.kr)
주   소 03082 서울시 종로구 대학로7길 7-4 1층
전   화 02-3673-3421~2 팩   스 02-3673-3423
이메일 healthlife@healthlife.co.kr
등   록 제 300-2008-58호

총   판 예영커뮤니케이션
전   화 02-766-7912 팩   스 02-766-8934

정   가 12,000원

ⓒ 문용권 2021
ISBN 978-89-86767-55-1 03230

성경신학
총론

문용권 지음

차례

■ 머리말 _ 12

제 1 장 _ 주경신학(註經神學)의 이해 ··· 15

1_ 주경신학을 공부해야 하는 이유 ··· 18

  1) 역사와 신학의 변질

  2) 근대 신학의 동향 (動向)

    (1) 자유주의 신학 사상

    (2) 종교 다원주의

    (3) 번영신학과 기복신앙

    (4) 뉴 에이지 운동(New Age Movement)

  3) 관점(觀點)신학의 이해

제 2 장 _ 충만한 예수 그리스도 (복음) ··· 29

제 3 장 _ 성경신학 (聖經神學, Biblical theology) ··· 35

1_ 인간 창조와 타락과 하나님의 구원 역사 ························· 38

  1) 창조의 역사와 타락

2) 아브라함의 부르심

2 _ 요셉의 생애 ……………………………………… 43

3 _ 모세의 부르심과 출애굽 ……………………………… 44

제 4 장 _ 기독교의 복음은 비밀이다 … 47
(하나님의 비밀, 예수 그리스도)

1 _ 하나님의 예정 ……………………………………… 49

2 _ 하나님의 예정의 역사 …………………………… 51

　1) 구약 시대의 역사

　2) 신약 시대의 역사

　　(1) 세례 요한의 출현

　　(2) 성육신의 비밀이다

　3) 성육신의 목적

　　(1) 인간 구원

　　(2) 임마누엘

3 _ 십자가의 비밀 ………………………………………… 59

4 _ 교회의 비밀 ·············· 63

  1) 성령의 강림하심과 교회

  2) 그리스도의 몸 된 교회

제 5 장 _ 그리스도의 재림과 부활 심판 … 67

1 _ 그리스도의 재림 ·············· 69

2 _ 부활의 신비 ·············· 72

3 _ 심판 (하나님의 공의) ·············· 75

제 6 장 _ 천국 (하나님의 나라) … 83

제 7 장 _ 성경신학적 계시의 해석 … 91

1 _ 마태복음 1장의 족보에서 보는 구속의 역사 ·············· 93

  1) 아브라함의 선택과 부르심

  2) 족보 속에 들어있는 구원의 비밀

  3) 족보에서 보여주시는 신앙의 교훈

  4) 신앙의 적용

2 _ 창세기에서 창조와 타락과 심판 ·············· 100

  1) 인간 창조와 여인의 후손

3 _ 구약의 요셉을 통한 하나님의 계시 ······························ 103

  1) 요셉

  2) 팔려가는 요셉

  3) 애굽의 총리가 된 요셉

4 _ 출애굽의 역사와 하나님의 계시 ······························ 107

  1) 모세의 출생과 배경

  2) 모세의 생애와 소명

  3) 출애굽과 모세

5 _ 광야 생활에 숨겨진 계시 ······························ 114

  1) 만나와 생수

  2) 아말렉과의 전쟁

  3) 언약과 하나님의 의도

  4) 성막과 이스라엘 백성

6 _ 광야에서의 삼대 절기 ······························ 125

  1) 유월절 (Passover, 무교절)

  2) 오순절 (칠칠절)

  3) 수장절 (초막절)

제 8 장 _ 기독교의 계시(Revelation)의 복음 … 131

1 _ 성경의 계시 ·· 133

2 _ 기독교와 복음 (gospel, good news) ························· 134

3 _ 보이는 사랑 (아가페) ··· 135

4 _ 믿음이란? ··· 137

5 _ 믿음과 구원 ··· 138

6 _ 무엇을 믿는가? ·· 140

7 _ 구원의 내용 ·· 141

제 9 장 _ 보혜사 성령 (the Holy Spirit) … 147

1 _ 임마누엘 (Immanuel) ··· 150

 1) 성령의 인도 (보혜사)

2 _ 성령의 사역 ·· 153

3 _ 성령의 은사 ·· 155

제 10 장 _ 대제사장이신 중보자 예수 그리스도 … 157

1 _ 대제사장 그리스도 ·· 159

2 _ 온전한 대제사장 ·· 160

3 _ 영원한 대제사장 ·· 162

제 11 장 _ 기독교 신앙의 원리(原理) ··· 165

1 _ 기독교와 종교 ·· 167

 1) 종교란 무엇인가?

 2) 기독교란 무엇인가?

2 _ 기독교 신앙의 내용 ····································· 173

 1) 삼위일체 하나님

  (1) 삼위일체(三位一體) 하나님

  (2) 창조주 하나님

  (3) 섭리(攝理)하시는 하나님

  (4) 영원(永遠)하신 하나님

 2) 하나님 말씀으로서의 성경

  (1) 성경은 기록된 말씀

  (2) 영감 받은 말씀 (靈感, inspiration)

   [1] 영감 받은 말씀 (무오의 말씀)

   [2] 살아 있는 말씀

   [3] 진리의 말씀

3 _ 거룩한 공회 (교회, Church) ·························· 185

1) 교회란 무엇인가

  (1) 예배

  (2) 전도 (선교, Evangelism)

  (3) 교육 (Education)

  (4) 섬김 (봉사, Serving)

  (5) 교제 (사귐, socialize)

2) 교회의 특성 (에클레시아)

  (1) 교회의 보편성 (Universality)

  (2) 교회의 사도성 (Apostolic)

  (3) 교회의 거룩성

4 _ 종말에 대한 신앙 ·· 193

1) 종말 (Eschatology)

2) 예수 그리스도의 재림

3) 부활 (復活, Revive)

제 12 장 _ 기독교 신앙의 본질 (本質) ··· 199

1 _ 거듭남 (Be born again) ······························· 201

1) 영접

2) 거듭남 (중생)

2 _ 신앙의 본질 ·· 204

　1) 연합과 하나

　2) 하나가 되는 원리

　3) 변화 (Change)

제 13 장 _ 율법과 은혜 (律法과 恩惠) ··· 211

1 _ 율법을 주심 ··· 214

2 _ 죄를 알게 하심 ··· 215

3 _ 은혜 ·· 217

4 _ 영생 (Eternal Life) ·· 221

제 14 장 _ 그리스도인의 성경적 생활 ··· 225

1 _ 가치관의 변화 ·· 227

2 _ 자족의 생활 ··· 229

3 _ 미래 지향적인 생활 ··· 232

4 _ 생기가 넘치는 생활 ··· 233

머리말

나에게는 꿈이 있었다. 그래서 신학을 하고 목사가 되어 교회를 시작하고 열심히 목회를 하였다. 하나님이 나의 꿈보다 더 큰 은혜를 주셔서 안정적인 목회를 하고 있을 때, 신학교의 요청이 있어 주경신학이라는 광범위한 과목을 목회하면서 시간강사로 섬기게 되었다. 주경신학의 주제가 되는 성경신학이라는 과목으로 하나님의 관점에서 성경을 성경으로 해석하고 풀어가는 과정을 학생들과 함께 공부하면서 중요한 과정을 정리하였다. 여기서는 성경신학이란 무엇인가? 그리고 왜 성경신학을 공부해야 하는가? 현대 신학사상의 흐름에 대하여 요약하였다. 그리고 하나님의 관점에서 성경을 어떻게 해석하고 풀어서 설교해야 하는지 요약하고, 신앙의 본질이 무엇이며, 우리는 무엇을 믿고, 어떻게 믿는가? 란 근본적인 물음에 대해 답을 하였다. 필자는 오랫동안 목회를 하면서 교회, 즉 신자들과 설교자 자신이 신앙의 사람으로 거듭나지 못하는 것을 보며 꼭 이것만은 알려주고 싶다고 생각해서 성경신학 관점에서 이 문제를 다루어 보았다. 가능한 한 책을 얇게 만들려 했다. 하나님의 광범위한 세계와 민음의 비밀을 인간이 다 표현할 수는 없다. 다만 성령님의 조명의 범위 내에서 기록할 뿐이다. 이 책을 손에 든 분들은 꼭 끝까지 읽어보시기를 바란다. 신앙의 기둥이 세워질 것이라 확신한다.

강의한 내용들을 출판할 수 있게 하신 하나님께 모든 영광을 돌리며 매번 출판하여 주시는 월간 〈건강과 생명〉(라온누리)에 감사드리고 항상 즐거운 마음으로, 희생적 헌신으로 수고하는 이승훈 부장에게 감사를 드린다.

한들의 책방에서
문 용 권

성경
신학
총론

제 1 장 _ 주경신학(註經神學)의 이해

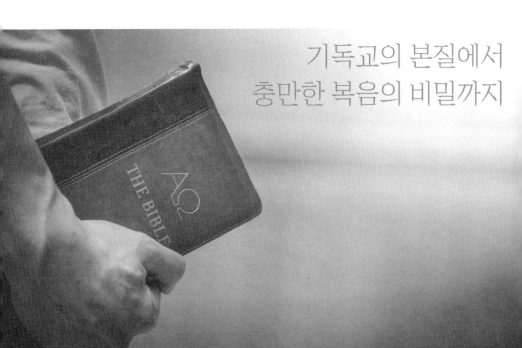

기독교의 본질에서
충만한 복음의 비밀까지

1장

주경신학(註經神學)의 이해

주경신학이란 학자들의 견해에 따라 약간의 다른 정의를 내릴 수 있다.

여기서 필자는 주경신학자로서 신·구약 성경 전체를 주석하여 완본하고 한국신학 역사에 큰 영향을 미친 박윤선 박사의 간단하고 명료한 정의를 채택하고자 한다.

"주경신학이란 성경 본래의 의미를 해석하고 찾는 학문이다." _ 박윤선 박사

그렇다! 성경의 저자이신 하나님의 뜻을 따라 기록되어 있는 말씀의 본래 의미를 찾아 해석하는 학문이 바로 주경신학의 핵심이라 할 수 있다.

우리는 신학을 공부하게 된다. 먼저 '신학(神學)이란 무엇인가' 하는 기초부터 짚고 넘어가야 한다. 신학을 일반적으로 영어로 'theology' 라고 하는데, 글자 그대로 '신학은 하나님에 대한 학문'(theo + logy)이다.

theo(하나님, 神) + logy(학문, 學) = theology. 그렇다! '신에 대한 학문' 으로 이해하면 된다. 그런데 하나님에 대한 학문은 사회학이나 인문학이나 과학으로 풀어갈 수 없는 신비의 세계이다. 이 신비의 세계를 가장 잘 계시하여준 책이 바로 성경이다. 그래서 성경(holy Bible)을 '거룩하고 성스러운 그리고 구별된 글' 혹은 '거룩한 책' 이라 한다. 그렇다! 성경은 하나님을 계시해 주는 말씀이다. 그러므로 성경에서 하나님을 볼 수 있고, 하나님의 뜻을 발견할 수 있다. 그러므로 성경을 어떤 관점(觀點)에서 해석하느냐는 매우 중요한 것이다. 하나님에 대한 지식이나 계시에 대한 지식이 잘못되면 꿀 속에 독을 넣은 것과 같다고 비유한 학자도 있다. 그러므로 성경을 해석하는 일은 올바른 신앙과 지식의 관점에서, 하나님의 뜻을 따라, 성경으로 성경을 해석하는 학문이라고 이해하여야 한다.

1 _ 주경신학을 공부해야 하는 이유

1) 역사와 신학의 변질

기독교는 역사를 내려오면서 여러 종류의 신학이 발생하게 되었다. 초대교회에서부터 여러 종류의 이단 사상과 신학의 형태들이 많이 나타났다. 그러나 여기서는 현대신학에 방점을 두고 혼란을 가져오는 몇 가지 예만 들어보려 한다. 특히 해방신학이 문제인데, 해방신학은 라틴 아메리카에서 시작된 기독교 진보적 신학 사상으로 하나님은 억압받는 민중 속에 거하시며 예수님은 이들을 위하여 오셨다고 주장하는 것이다. 있는 자들에 대한 반발, 즉 자본주의에 대한 반발로 등장한 신학 사상으로 민중을 선동하기도 하였다. 가난과 억압에서의 자유도 기독교 사상임에 틀림이 없지만, 성경이 우리에게 보여주는 것은 이 세상의 부요나 가난보다는 인간을 영원한 죄의 저주에서 구원하시는 하나님의 사랑의 역사라는 것을 결코 잊어서는 안된다. 이 믿음이 세상과 환경을 이기게 하고 인간을 인간답게 살아가게 만든다. 따라서 신자인 우리는 영생을 주시기 위한 하나님의 경륜을 믿음으로 살아야 하는 것이다. 이 해방 신학의 영향을 받은 기독교 학자들에 의하여 신정통주의니 기독교 사회주의니 여성 신학이니 하는 것들이 등장하게 되고, 특별히 대한민국을 중심으로 민중 신학이 70년대에 활발하게 전개되기도 했다. 이들의 주장에 의하면 권력으로 억압받는 민중과 서민들이 기독교의 중심이다. 예수님 당시에도 이러한 가난하고 억압받는 민중들이 예수님을 따라다녔다. 그러므로 교회는 이들이 중심이 되어야 하고 그들이 고통받는 잘못된 사회 구조를 개혁하는데 앞장서야 한다는 것이다. 우리나라에서는 안병무 목사와 서남동 교수와 문익환 목사, 함석헌 등을 들 수 있다. 왜 우리가 조심해야 하느냐 하면 이러한 신학적 관점으로 성경을 해석하게 되면, 교회가 사회에 대한 의무에 관심을 두게 되고 이 문제의 해결자인 것처럼 자처하게 되어, 그것이 교회의 지상 과제가 되고 신앙의 본령인 것처럼 변질되어 간다는 것이다. 그러다 보니 교회가 사회 운동에 앞장서고 정의와 공정을 부르짖고 사회 개혁을 하는 것이 신앙인 것처럼 변질되었다.

2) 근대신학의 동향 (動向)

(1) 자유주의 신학 사상

자유주의 신학은 18~19세기 계몽주의, 경건주의 그리고 낭만주의의 영향을 받아 등장하였다. 자유주의 신학은 계몽주의와 낭만주의를 바탕으로 하여 성경을 인간의 이성과 감정 그리고 경험으로 이해하려 했고, 도덕적이고 역사적이며 문학적인 관점에서 신학을 이해하였다. 그러므로 진보주의 역사와 인본주의를 강조하고 성경에 나오는 이적들을 이성과 자연과 과학과 심리학적으로 해석하려 하였다. 19세기에 이르러 다원주의와 사회 복음주의로 확산되어 가기도 했다(위키백과 참고). 당시에는 이것이 지식적이고 앞서가는 신학이라 하여 기독교에 많은 영향을 주었다. 반(反)기독교적 사상임에도 불구하고 여전히 기독교의 정통성을 거부하고 이성주의와 인본주의를 주장하는 사람들이 있다.

(2) 종교 다원주의

종교 다원주의는 1960년대부터 세계의 주목을 받기 시작하였는데 기독교 내에서 발생한 것으로 이들의 신학 사상은 모든 종교는 이름만 다를 뿐 예수님이 존재한다는 전제 하에 종교 간의 대화와 일치를 추구한다. 그리하여 모든 종교는 서로 화합하여 이 땅의 평화를 추구해야 하며, 모든 종교의 목적은 구원이고 그 가는 길이 방법과 형식에서 다를 뿐이므로 할 수 있으면 하나가 되어야 한다고 생각한다. 그리하여 세계교회연합(WCC)이라는 기구를 만들어서 세계 평화와 화합을 추구하고 있으나 여러 종교들이 화합하다 보니 절대적인 복음의 진리를 주장할 수 없다. 합리주의를 추구하는 자유주의 신학 사상을 받아들여서 하나님의 절대적인 능력이 인간 역사에 관여하지 않는다고 주장한다. 하나님께서 인간을 창조하시고 인간에게 이성을 주셨기 때문에 인간의 이성적 능력이 하나님의 능력이라 생각하고 진리와 비진리도 인간의 이성으로 구별할 수 있다는 것이다. 그래서 결국은 내가 이해할 수 있는 만큼만 믿는다는 것이다. 이와 같은 배경 위에 다원주의가 세워졌기 때문에 이런 관점에서는 올바로 성경을 해석할 수가 없다. 그런데도 종교 다원주의는 확산되어가고 한국에도 개신교회의 여러 교단이 참여하고 있다. 종교 간의 대화와 화합이라는 전제로 각 나라 각 종교 지도자들이 참여하여 사회 구원에 초점을 맞추고 세계 평화운동, 인권 개선운동, 부정부패 해소운동, 녹색운동이라는 문제를 놓고 대화한다면서 인본주의 사상으로 연합하고 있다. 이것이 하나님의 선교요 사회구원이라 믿고 연합하는 이런 단체는 사탄이 조정하여 하나님에게서 인간을 분리시키는 종교운동이다.

(3) 번영신학과 기복신앙

기독교에서 번영신학은 정통 기독교인들에게 매력을 느끼게 했다. 그러나 번영신학은 구약적 하나님의 약속과 복에 대한 내용을 신약에 적용하면서 내적으로 기독교의 본질을 훼손시키는 사상이다. 재정적인 복이나 물질적 풍성함이 하나님의 뜻이라고 믿으며 신앙이 자신들의 물질적 풍요와 행복을 증가시킨다고 믿는 것은 반성경적인 신학이다. 번영신학은 인간이 하나님을 믿을 때 안정과 번영이 주어진다고 믿음으로써 하나님과 인간관계에서 성경을 계약으로 이해하려 한다. 개인적인 능력을 강조하고 하나님을 믿는 사람들이 행복해지는 것이 곧 하나님의 뜻이라고 주장한다. 하나님과의 관계에서 속죄를 받으면 가난에서 완화되며 저주란 하나님에 대한 이런 믿음이 깨어진 것이라 이해한다(위키 백과 참고). 이렇게 성경을 이해하다 보니 토속적인 기복신앙이 자연히 자리를 잡게 된 것이다. 이러한 사상으로 목회를 하다 보니, 보이는 것의 가치를 추구하는 사람들이 환호를 받게 되고 사람들이 모이게 된다.

> "때가 이르리니 사람이 바른 교훈을 받지 아니하며 귀가 가려워서 자기의 사욕을 따를 스승을 많이 두고 또 그 귀를 진리에서 돌이켜 허탄한 이야기를 따르리라" (딤후 4:3~4)

오늘날 많은 교회 지도자들이 이런 관점에서 성경을 해석하고 설교하므로 수많은 신자들이 모여들고 자신의 행복과 문제의 해결과 풍요한 삶을 누리기 위하여 종교 행위를 하며 만족을 누리고 있다. 심지어 가톨릭에서도 반성경적이라고 선포하였는데도 눈에 보이는 행복을 추구하는 민중의 심리를 이용하다 보니, 십자가의 복음을 멀어지게 하는 신앙으로 가게 되고, 종교 심리를 이용하여 교회는 종교화되어 가고 있다. 기독교는 누구든지 자기를 부인하고 자기 십자가를 지고 가야 하는 것이다(마 16:24). 희생과 헌신의 신앙, 구원의 은혜에 대한 감사가 아니라 보이는 것에 대한 희망을 추구하는 종교적 행위로 신앙생활이 변질되었다. 아마도 뿌리는 초대교회 영지주의자들의 사상에 근거를 둔 것 같다.

(4) 뉴 에이지 운동 (New Age Movement)

뉴 에이지 운동은 20세기 들어서 새로운 가치를 추구한다는 명분으로 전통적 질서를 거부하고 정치 · 사회 · 사상 · 문화 · 종교 등 다양한 방법으로 이루어지는 반기독교적 운동이다. 특히 현대인들의 감정을 자극하는 음악을 통하여 더욱 활발하게 사람들의 세속적 감정에 접근하고 있다.

이들의 주장은 범신론적이어서 모든 만물이 신이 될 수 있다고 주장하고 우리가 살고있는 우주 자체가 하나의 신이라는 것이다. 그래서 세상의 모든 종교가 다 하나님을 믿는다고 주장하고 인간도 우주의 일부이기 때문에 그들이 하는 영성 운동을 통하여 신이 될 수 있다고 주장한다. 그러므로 이들은 유일하신 하나님을 부정하고 모든 것에 신이 있다 하여 여러 타 종교와 토속 종교까지도 하나의 종교로여겨 대화로 화합을 추구한다. 우주 자체가 신이기 때문에 우주의 일원으로 우리 속에 있는 신성을 깨우는 운동을 한다. 이들은 동양의신비주의를 받아들여 각종 토속 신앙의 주술 행위와 요가, 명상, 점성술, 연금술 등을 행하는데, 이것이 이들의 관심사이고 방법이기도하다. 이들은 기존의 교회 공동체에 대한 의미를 갖지 않고 스스로 신의 경지, 즉 해탈에 들어가고자 여러 형태의 행위들을 한다. 특히 여러 장르의 음악에 이 사상을 도입하고 음악에 취하여 스스로 쾌감에 빠져 만족하기도 한다. 이들은 유일하신 삼위일체 하나님을 인정하지 않고 부정하는 범신론주의자들로 사탄의 종교이다. 이들은 다양한 방법으로 사람들이 하나님을 부정하게 만들고 타락에 빠지게 한다.

현대 기독교인들 가운데에도 젊은 세대들이 이런 운동에 쉽게 빠지는 것은 음악과 명상, 요가, 신비주의 같은 것을 통하여 동요되는 현상들 때문이다. 이러한 관점에서 성경을 해석하고 이해하게 되면 무서운 독약이 되는 것이다.

3) 관점(觀點)신학의 이해

신학 사상에 따라 성경을 보고 해석하는 방법과 내용이 다르게 된다. 왜냐하면 그 신학 사상에 따라 성경을 보는 관점이 다르기 때문에 같은 성경과 내용을 가지고도 해석하고 설교하는 내용이 다르게 나타나게 된다.

자유주의 신학적 관점

계몽주의와 낭만주의에 바탕을 둔 신학이기에 성경을 인간의 이성과 감정 그리고 경험에 의하여 해석하려 하고 문화와 역사 그리고 도덕성에 관점을 두고 있기 때문에 성경을 자신의 감정이나 경험적 환경을 통해 해석하기도 하고 도덕적·사회적으로 이해하려 한다. 성경의 기적들을 자연적 조건, 과학적 사고와 이성적으로 설명하려 한다.

해방신학과 민중신학

이들은 하나님은 민중의 하나님이며 민중 가운데 계신다고 믿는다. 예수님 당시 예수님을 따르던 자들이 약자들이요 민중이었고, 예수님은 이들의 해방을 위하여 오셨다. 그래서 성경을 이러한 관점에서 해석하려고 한다. 복음서의 오병이어의 역사도 가난하고 굶주린 민중들을 위한 하나님의 기적이라고 이해하는 것이다. 이러한 관점에서 성경을 보니 사회 구원과 억압받는 민중의 해방과 잘못된 구조를 개혁해야하는 것이 복음의 역사라고 생각하는 것이다. 오늘날에도 여전히 이런 관점에서 성경을 해석하는 지도자들이 있다.

번영신학 사상

기독교의 신앙은 복을 배제하는 것이 아니다. 먼저 그의 나라와 그의 의를 구하면 이 모든 것을 더하신다고 하셨다(마 6:33). 그러나 마태복음 16장 24절을 따르면 십자가가 있을 때 부활도 있는 것이다. 자기를 부인하고 자기 십자가를 지는 것이 신앙이다. 우리는 현재의 복과 풍요를 위해 사는 자들이 아니다. 구원받은 하나님의 백성으로 현재의 삶과 족히 비교될 수 없는 영원한 영광을 바라며 하나님의 자녀로서 누릴 유업을 바라보고 사는 사람들이다. 천국 백성으로서, 하나님의 사랑을 받는 구원받은 백성으로서 하나님의 뜻을 따라 기쁨으로 하나님의 사랑을 실현하는 것을 보람으로 사는 사람들이다. 그런데 번영신학의 관점에서 성경을 해석하려 하니 기독교가 세속화·물량주의화되고, 능력이 없고 빛을 잃은 교회가 되어가고 있다. 큰 이상과 꿈을 가지고 믿고 기도하고 노력함으로써 보이는 성공을 거두어 사람들의 칭찬과 영광을 얻는 것이 곧 하나님의 영광이요 신앙의 성공이라 생각하게 된다. 오늘의 대형교회들에 대한 지도자들의 꿈은 누구의 비전인가? 하나님의 부르심의 비전과 나의 생애는 일치하고 있는가? 돌아볼 일이다. 오늘날 번영신학이 가져온 비성경적인 결과들에 사람들이 아직도 미혹되고 있는 것은 안타까운 일이다. 번영신학이야말로 교회 안에 가만히 들어와서 신앙의 본질을 무너트리는 사탄의 유혹인 것이다.

뉴 에이지 운동

이들의 이념은 구별하기가 좀 어려우면서도 무서운 사탄의 사상이다. 특히 성경에서는 신비주의를 앞세우고 자기 자신들의 경험이나 신비한 체험적 관점으로 성경을 해석하는 경우가 많은 것이 특징이다. 개인적이고 자기 지식을 적용하고 현대적 문화와 감성적 운동을 하게 하여 성경을 이해하도록 하는 경우가 있다. 그리하여 신의 체험을 주장하기도 하고 우주에 충만한 신의 세계를 이해시키고 신비 체험을 하게 하고 성경을 이해시키려 한다. 반성경적이고 유일하신 삼위 하나님을 부정하는 사탄의 역사로, 자신이 신의 경지에 이르는 것을 신앙의 본질로 이해시키는 것은 반 기독교적 역사이다.

종교 심리학적 관점

사람은 누구나 다 종교적 심성을 가지고 있다. 이것을 종교성이라 하는데, 기독교에서 이 심리적 상태를 이용해 기독교를 종교적 차원에서 이해하고 종교적 방법으로 성경을 해석하는 경우가 많이 있다. 보이는 공동체로서의 교회들이 대개 경건의 모양으로 경건을 나타내려 하고 전통과 예식을 통하여 사람들을 신앙으로 이끌려 하는 경우가 많이 있다. 여기에서 기복 신앙, 소원성취 신앙이 생겨나는 것이다. 그리하여 기독교를 종교화해가는 것이다. 그런데 이런 관점에서 성경을 해석하는 교회들이 사람들의 관심을 더 많이 끌게 된다.

긍정의 힘과 적극적 사고

기독교 신앙은 긍정의 신앙이다. 그러나 내 생각과 비전을 긍정하는 신앙이 아니다. 무엇이든 좋은 것으로 믿는 대로 된다는 것이 기독교의 신앙은 아니다. 기독교의 신앙은 십자가의 사랑, 하나님의 구속사적 사랑에서 해석되어야 한다.

기독교는 역사를 내려오면서 여러 가지 수난을 겪게 된다. 주경신학의 관점에서 성경신학이 바로 해석되지 않으면 기독교는 하나의 종교 혹은 이념이나 사상으로 변질되어 버린다. 기독교를 지키기 위하여, 우리의 신앙을 바로 세우기 위하여 그래서 주경신학, 성경신학이 매우 중요하다. 이것이 바로 정립되는 것이 혼란에 빠져서 방향을 잃어버린 현대 교회에 시급한 문제이다. 나는 이 책에서 성경신학의 올바른 정립을 통하여 기독교 신앙의 본질을 논해보려 한다.

성경신학 총론

제 2 장_ 충만한 예수 그리스도 (복음)

기독교의 본질에서
충만한 복음의 비밀까지

2장

충만한 예수 그리스도 (복음)

기독교는 예수 그리스도로 충만하다. 예수 그리스도는 하나님의 비밀이요 하나님의 모든 것이 그 안에 있다. 그래서 골로새서에서 인간을 위한 모든 영광의 비밀이 그리스도라 하였다(골 1:27).

"이는 그들로 마음에 위안을 받고 사랑 안에서 연합하여 확실한 이해의 모든 풍성함과 하나님의 비밀인 그리스도를 깨닫게 하려 함이니 그 안에는 지혜와 지식의 모든 보화가 감추어져 있느니라 내가 이것을 말함은 아무도 교묘한 말로 너희를 속이지 못하게 하려 함이니" (골 2:2~4)

그렇다! 예수 그리스도만이 복음이요 하나님의 계획인데, 사람들이 교묘히 철학이나 심리학을 이용하여 복음에서 떠나 복음이 아닌 사람의 지식이나 세상의 성공이나 번영의 신학으로 신앙을 변질시키고 우리를 그리스도 예수에게서 멀어지게 하고 있다. 다른 복음은 없다!

그래서 바울 사도는 갈라디아서 1장에서 다른 복음은 없다고 단호히 말하고 있다.

"다른 복음은 없나니 다만 어떤 사람들이 너희를 교란하여 그리스도의 복음을 변하게 하려 함이라 그러나 우리나 혹은 하늘로부터 온 천사라도 우리가 너희에게 전한 복음 외에 다른 복음을 전하면 저주를 받을지어다" (갈 1:7~8)

지금 지상의 교회들이 복음의 본질보다 보이는 것에 가치를 두고 번영신학의 영향으로 심리학이나 긍정의 사고나 인문학적으로 복음을 변질시키고 있다. 오늘날의 설교에 예수 그리스도가 있는가? 십자가의 복음이 있는가? 예수 그리스도는 만유의 주시요 창조의 근본이시요 우리를 구원하시기 위하여 친히 육신을 입고 세상에 오셔서 십자가의 제단에서 피 흘리시고 죽음의 저주를 받으심으로 우리의 구원을 완전하게 하셨다. 그 안에 하나님이 창세 전에 예정하신 것이 다 들어있다.

"찬송하리로다 하나님 곧 우리 주 예수 그리스도의 아버지께서 그리스도 안에서 하늘에 속한 모든 신령한 복을 우리에게 주시되 곧 창세 전에 그리스도 안에서 우리를 택하사 우리로 사랑 안에서 그 앞에 거룩하고 흠이 없게 하시려고 그 기쁘신 뜻대로 우리를 예정하사 예수 그리스도로 말미암아 자기의 아들들이 되게 하셨으니 이는 그가 사랑하는 자 안

에서 우리에게 거저 주시는 바 그의 은혜의 영광을 찬송하게 하려는 것

이라 우리는 그리스도 안에서 그의 은혜의 풍성함을 따라 그의 피로 말

미암아 속량 곧 죄사함을 받았느니라"(엡 1:3~7)

모든 것이 그리스도 안에서 이루어진 하나님의 사건이다. 기독교는

이 예수 그리스도면 된다. 세상의 모든 만물이 그리스도 안에서 하나

되게 하시고 모든 일을 그의 뜻의 결정대로 행하시니, 그의 계획하심

을 입은 우리는 예수 한 분으로 우리의 구원과 모든 충만이 충만하게

되는 것이다. 우리 안에 예수만 있으면 된다. 그의 사랑의 십자가의

보혈로 우리는 거룩하여지고 세상을 초월하는 신앙으로 세상을 이기

고 세상의 공중권세와 지식을 초월하여 충만한 인생을 살게 된다. 그

래서 바울은 이렇게 기도했다.

"너희 마음의 눈을 밝히사 그의 부르심의 소망이 무엇이며 성도 안에서

그 기업의 영광의 풍성함이 무엇이며 그의 힘의 위력으로 역사하심을

따라 믿는 우리에게 베푸신 능력의 지극히 크심이 어떠한 것을 너희로

알게 하시기를 구하노라"(엡 1:18~19)

오늘날 교회들의 변질은 세상 학문이 들어와서 사람들의 귀를 즐겁

게 하는 마귀의 역사에 놀아나고 있기 때문이다. 그래서 바울도 디모

데에게 "누가 철학과 헛된 속임수로 너희를 사로잡을까 주의하라 이

것은 사람의 전통과 세상의 초등학문을 따름이요 그리스도를 따름이

아니니라"(골 2:8)고 하였다. 그러므로 성경을 가지고 세상 지식으로 철학이나 심리학을 적용하는 큰 오류를 범하지 않게 해야 한다. 그것은 올바른 복음의 신앙을 변질시키는 사단의 역사이다.

"또 만물을 그의(예수의) 발 아래에 복종하게 하시고 그를 만물 위에 교회의 머리로 삼으셨느니라 교회는 그의 몸이니 만물 안에서 만물을 충만하게 하시는 이의 충만함이니라" (엡 1:22)

그렇다! 교회는 예수 그리스도로 세상 만물을 충만하게 하는 충만이 되어야 한다. 예수 그리스도는 세상을 충만하게 하는 충만이다. 누구에게든지 무엇에든지 예수 그리스도가 충만이다. 예수 그리스도 한 분만이 복음이요 충만이다. 이것이 기독교 신앙의 본질이다.

성경신학 총론

제 3 장 _ 성경신학(聖經神學, Biblical theology)

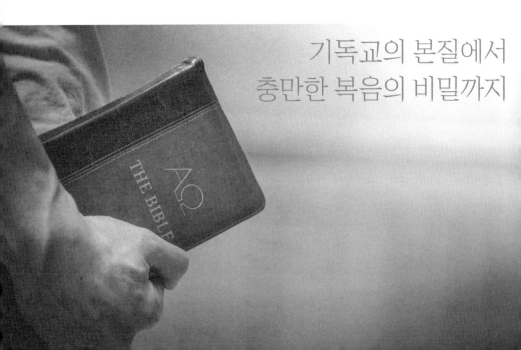

기독교의 본질에서
충만한 복음의 비밀까지

3장

성경신학 (聖經神學, Biblical theology)

성경신학이란 성경을 통하여 하나님의 인간 구원 역사를 정리하는 학문이라 할 수 있다. 성경신학에 대한 연구가 별로 없는 것 같아 안타까운 일이다.

프린스턴 신학교 교수였던 게르하르두스 보스(Geerhardus Vos)는 성경신학을, 첫째로 '행위 언약'으로 이는 에덴동산에서 아담과 맺으신 언약인데 그리스도께서 공생애를 통하여 두 번째 아담으로서 이를 이루셨고, 둘째는 '구속의 언약'으로 삼위 하나님께서 그리스도의 십자가로 이루시고, 셋째로 '은혜 언약'인데, 그리스도의 십자가로 이루신 구속의 역사를 믿음으로 구원에 이르게 하는 성령의 역사로 하나님의 구원 역사를 이루셨다고 정리하였다. 그 외에도 몇 사람이 정리하였지만 동일한 내용으로 인간 구원을 위한 숨겨진 삼위 하나님의 예정의 역사를 말하고 있다. 그렇다. 성경신학을 통하여 삼위 하나님의 인간 구원의 계획과 하나님의 열심을 보게 된다. 그래서 필자도 계시적으로 성경 역사에서 보여주시는 하나님의 구원 역사를 찾아 엮어보려 한다.

성경신학은 예수 그리스도의 성육신과 십자가로 세상에 알려지는 하나님의 구원 계획의 계시(Revelation)를 정리하는 학문이라 할 수 있다. 워싱턴 한인목회연구원의 손강섭 목사는 발표 시간을 통해 '성경신학이란 성경에 담겨진 하나님의 자기 계시의 발전 과정을 다루는 주경신학의 한 분야'라고 정의한 게르하르두스 보스(Geerhardus Vos)의 말을 인용하였다. 결국은 하나님이 예수 그리스도를 통하여 이루고자 하시는 구원 역사에 성경 해석의 초점을 맞추어야 한다는 말이다. 이것을 줄여서 '구속사적 성경 해석'이라고 표현하기도 한다.

1 _ 인간 창조와 타락과 하나님의 구원 역사

1) 창조의 역사와 타락

"태초에 하나님이 천지를 창조하시니라" (창 1:1)

이 말씀으로 세상의 문이 열렸다. 천지 창조는 하나님의 조화로운 비전의 성취였고 하나님 보시기에 좋으셨던 창조였다. 완전함과 아름다움이 있고 빛으로 세상의 존재를 아름답게 하셨다. 그래서 첫 번째의 창조는 빛이었다.

"하나님이 이르시되 빛이 있으라 하시니 빛이 있었고 빛이 하나님이 보시기에 좋았더라 …" (창 1:3-4)

빛은 모든 생명체의 존재의 힘이었다. 모든 것이 창조되고 인간의 존재에 필요한 모든 것을 완전하게 하시고 하나님이 자기의 형상과 모양대로 인간을 만드시고, 사람이라 하시며, 창조의 모든 것을 위임하신 후 정복하고 다스리며 창조와 에덴의 행복을 누리도록 하셨다(창 1장과 2장).

그러나 하나님을 거역하고 타락한 천사는 마귀(반역자)가 되어 하늘에서 있을 곳을 잃어버리고(계 12:7-11) 세상으로 내려와 창조물 중에 가장 간교한 뱀을 이용하여 첫 사람 아담과 하와를 유혹하니 인간의 타락이 시작되었다. 자유의지로 창조된 인간은 육신의 정욕과 안목을 이기지 못하여 하나님의 말씀을 거역하고 선악과를 따먹고 죄인이 되었고, 죄 때문에 에덴의 행복과 하나님으로부터 떨어져 스스로 불행을 자초하고 그 죄로 죽게 되었다. 에덴을 잃어버린 인간은 영원히 불행하게 되고, 세상으로 쫓겨난 인간은 끊임없이 에덴의 행복을 찾아 헤매는 것이다. 인간을 창조하신 하나님이 죄의 저주 아래 있는 인간을 구원하시기 시작하신 것은 인간이 만들어지기 전 예정하셨는데 그 표현이 창세기 3장 15절에 나타난다. 좋으신 하나님은 타락한 인간을 회복하시기 위하여 구원 계획을 세우셨고, 이를 성경 역사를 통하여 보여주셨다. 에베소서 1장에서 창세 전에 하나님의 거룩하신 뜻을 따라 예수 그리스도와 십자가로 하나님의 구원이 이루어진 것을 말씀하

셨다(엡 1:3-7). 그렇다. 구약의 모든 역사는 신약 시대에 이루어질 하나
님의 구원 역사에 대한 예표가 되고, 그것의 완성은 신약에 와서 성육
신하신 그리스도로 말미암아 성취되는 것이다.

2) 아브라함의 부르심

하나님의 본격적 인간 구원 역사의 새로운 역사가 아브라함의 부르
심으로부터 시작된다. 아브라함의 부르심은 아브라함의 의지와 상관
없이 하나님의 주권적 역사로 부르시고, 그를 통한 하나님의 비전이
펼쳐지기 시작한다. 이것을 부르심의 비전이라 한다. 이것은 인간 구
원의 비전이지만 이 비전은 개개인에게도 적용되는 것이다. 아브라함
이 믿음의 조상이 되었다는 것도 아브라함의 의도가 아니고 하나님의
계획이었다. 그의 믿음 생활도 살펴보면 인간적인 실수와 약점이 있
지만, 아브라함의 믿음이 아니라 하나님의 믿음이 그에게 역사하였음
을 보게 된다. 하나님은 그를 믿음의 표본으로 세우시고 무엇이 믿음
이고 하나님의 역사는 어떤 것인가를 보여주셨다. 창세기 12장 1절로
4절까지 말씀에서 인간 구원의 계획을 보게 된다.

“… 땅의 모든 족속이 너로 말미암아 복을 얻을 것이라 …” (창 12:3)

아브라함의 자손으로 말미암은 하나님의 구원 역사의 예시였다.

마태복음 1장 1절에서 구약과 신약을 연결하면서 “아브라함과 다윗

의 자손 예수 그리스도"에서 한 눈에 하나님의 구원 역사를 보여주셨다. 이것은 인간을 위한 하나님의 비전이었다. 그러나 위에서 말한 대로 이 비전은 우리 개개인에게도, 가정과 자녀 그리고 사회 모두에게 적용된다는 것을 기억해야 한다.

하나님의 부르심의 간섭

창세기 13장을 통해 우리는 하나님의 부르심의 간섭하시는 역사를 본다. 아브라함이 하란을 떠날 때에 그 아내와 조카 롯도 함께 하게 된다.

> "아브람이 그 아내 사래와 조카 롯과 하란에서 모은 모든 소유와 얻은 사람들을 이끌고 가나안 땅으로 가려고 떠나서 마침내 가나안 땅에 들어갔더라"(창 12:5)

가나안에 흉년이 들어 애굽에 내려갔으나 하나님의 보호하심으로 무사히 가나안으로 돌아온 아브라함은 가나안에 처음 단을 쌓던 벧엘에 제단을 만들게 되고 하나님을 섬기게 된다. 그러나 재물이 많아짐으로 아브라함과 롯이 함께 동거할 수 없는 상황에 이르게 된다. 이로 아브라함의 목자와 롯의 목자가 다투게 된다.

> "그 땅이 그들이 동거하기에 넉넉하지 못하였으니 이는 그들의 소유가 많아서 동거할 수 없었음이니라 그러므로 아브람의 가축의 목자와 롯의

가축의 목자가 서로 다투고 또 가나안 사람과 브리스 사람도 그 땅에 거

주하였는지라" (창 13:6-7)

이에 아브라함이 조카 롯에게 "너와 나는 한 혈족이니 네 목자와 내 목자가 서로 다투게 하지 말자" 하였고 "네 앞에 온 땅이 있으니 내가 좌하면 내가 우하고 네가 우하면 내가 좌하리라" 하였다. 이에 롯이 눈을 들어 요단 지역을 바라보고 소알 온 땅이 물이 넉넉하고 에덴동산 같고 애굽같음을 보고 요단 온 지역을 택하고 그들은 서로 떠나가게 된다. 이에 아브람이 홀로 서 있을 때 하나님은 찾아오신다. 아브람과 롯은 함께 할 수 없다. 하나님은 아브람을 부르셨다. 롯은 보이는 동편 요단을 바라보았다. 육의 사람이 세상으로 떠났을 때에 외로운 아브람 곁에는 하나님이 계셨다.

"롯이 아브람을 떠난 후에 여호와께서 아브람에게 이르시되 너는 눈을

들어 너 있는 곳에서 북쪽과 남쪽 그리고 동쪽과 서쪽을 바라보라 보이

는 땅을 내가 너와 네 자손에게 주리니 영원히 이르리라" (창 13:14-15)

이러한 하나님의 경륜은 신약 시대에도 이어져 성경은 영적인 사람과 육적인 사람을 구분한다. 로마서 8장에서도 육신의 사람과 영적인 사람이 구별되고 있다.

육신을 따르는 자는 육신의 일을, 영을 따르는 자는 영의 일을 생각하나

니 육신의 생각은 사망이요 영의 생각은 생명과 평안이니라"(롬 8:5-6)

이러한 말씀을 보면서 우리는 육신의 사람으로 살 것인가, 영적인 사람으로 하나님의 뜻에 따라 살 것인가? 신앙적인 결단을 해야 한다. 지금도 여전히 하나님의 부르심의 역사는 동일하게 우리에게 적용되고 있다.

2 _ 요셉의 생애

아브라함이 이삭을 낳고 이삭이 야곱을 낳고 야곱은 요셉과 그의 형제를 낳았다. 여기서 또 하나님의 손길을 보게 된다. 요셉이다. 요셉은 야곱의 열한 번째 아들로 태어나서 야곱의 사랑을 받았지만 하나님이 그를 선택하심을 보아야 한다. 요셉이 어렸을 때 하나님께서 그분 자신의 계획을 요셉에게 꿈으로 예시해 주신다. 그러나 요셉은 그 꿈이 무엇인지 몰랐고 자기에게 어떤 일이 일어날지 생각하지 못하였다. 형들에게 미움을 받고 애굽에 종으로 팔려갈 때 요셉은 발버둥치며 애원하며 살려 달라했다. 보디발의 집 노예가 되었다. 참으로 처량한 신세가 되었다. 자기가 이런 불행한 인생이 될 줄 몰랐다. 다만 하나님을 믿는 자로 있는 자리에서 성실했고 보디발의 신실한 청지기가 되었다. 보디발의 아내의 유혹에도 요셉은 청지기로서의 사명과 하나님의 사람으로서 자기 자신을 지키기 위해 노력하였다. 그리고 누명을 쓰고 감옥에 가서도 불평보다는 자기에게 주어진 운명처럼 성실하다 보니 감옥에서도 신뢰받는 자가 되었다. 참으로 바르게 살았는데 기구한 운명이 되었다. 그러나 요셉은 낙심치 않고 이것 또한 하나님이 주시는 내 인생이라고 생각했을 것이다. 그러나 이 모든 것은 이스라엘과 세상을 구원하시기 위한 하나님의 계획이었다. 애굽의 총리대신으로 세우시고 이스라엘을 큰 민족으로 번성하게 하시려는 하나님의 숨겨진 예정이었다.

3 _ 모세의 부르심과 출애굽

출애굽 사건은 모세의 부르심으로 적극적 역사가 나타난다. 이것은 하나님의 예정에 의한 것으로 요셉으로부터 시작해서 모세의 출생과 성장 과정 그리고 미디안 광야로의 도피로 이어지는 하나님의 숨겨진 비밀의 역사였다. 모세가 미디안 광야에서 40년 생활을 하게 된 것도 호렙산에서 하나님께서 그를 부르신 것도 때를 따라 역사하시는 하나님의 계획이었다. 그래서 "때가 차매 하나님이 그 아들을 보내사 여자에게서 나게 하시고"(갈 4:4)로 이어지는 공개된 신약의 역사가 시작되었다. 때가 되매 하나님은 모세를 부르시고, 모세는 아브라함과 이삭과 야곱에게 약속하신 가나안 땅으로 이스라엘 민족을 인도하라는 하나님의 명령을 받게 된다(출 3:1-12). 모세는 애굽에 가서 열가지 재앙으로 애굽왕 바로와 애굽의 우상 신들과의 싸움을 하게 된다. 이것은 하나님께서 바로의 마음을 강퍅하게 하시고 애굽의 여러 신들과의 싸움에서 하나님을 보여주시는 하나님의 우월성에 대한 사건이기도 하다. 그러나 세상의 신들이나 인간의 노력으로는 구원의 역사가 이루어질 수 없다는 것을 예표로 보여주신 사건이기도 하다. 그래서 유월절이라는 사건을 역사에 만들고 이것을 출애굽 기념으로 지키게 하셨다. 그러므로 유월절에는 어린양을 잡는 것이다. 유월절의 중심은 어린양을 잡는 것이다. 양을 잡아 구워먹고 그 피를 문 인방과 설주에 바르게 하므로 애굽의 장자들이 죽어가는 죽음의 재앙을 벗어나 무사히 출애굽의 역사가 성취되게 하시고, 이를 기념하는 표시로 양을 잡고 피를 뿌리는 절기를 지키게 하신 것이다. 이것은 장차 성취될 메시야의 죄에 대한 저주와 속죄의 피에 대한 언약을 위한 예표였다. 그날 밤에 이스라엘은 구원을 받고 애굽에서 많은 보화를 준비하여 나오게 된다. 이것이야말로 만대와 만세로부터 숨겨진 하나님의 예정된 구원 역사의 예표인 것을 우리 만민에게 성경을 통하여 보여주셨다. 이와 같이 성경은 하나님의 무조건적인 사랑, 무한의 사랑으로 인간을 구원하시는 열정의 사랑, 긍휼이 풍성한 사랑을 보여준다. 하나님의 구원 예정은 바로 이 사랑에서 찾아야 한다. 그래서 하나님을 사랑이라고 표현했다(요일 4:8). 성경신학은 이 무한한 하나님의 사랑으로 이루어지는 '인간 구원 역사(구속사)를 정리하는 학문' 이다.

성경신학총론

제 4 장 _ 기독교의 복음은 비밀이다

(하나님의 비밀, 예수 그리스도)

기독교의 본질에서
충만한 복음의 비밀까지

4장

기독교의 복음은 비밀이다
(하나님의 비밀, 예수 그리스도)

1 _ 하나님의 예정

하나님의 구속의 역사는 만세와 만대로부터 감추어졌던 비밀이다.

"이 비밀은 만세와 만대로부터 감추어졌던 것인데 이제는 그의 성도들
에게 나타났고 하나님이 그들로 하여금 이 비밀의 영광이 이방인 가운
데 얼마나 풍성한지를 알게 하려 하심이라 이 비밀은 너희 안에 계신 그
리스도시니 곧 영광의 소망이니라" (골 1:26-27)

하나님의 예정은 삼위일체의 역사로 그리스도 안에서 그를 통하여
성취되게 하셨다. 그래서 그리스도를 알게 될 때 이 비밀이 풀려지게
된다.

예수 그리스도는 창조의 근본이시며 그가 없이는 된 것이 하나도 없다.

"만물이 그로 말미암아 지은 바 되었으니 지은 것이 하나도 그가 없이는 된 것이 없느니라" (요 1:3)

또한 그는 보이지 않는 하나님의 형상이요 모든 피조물보다 먼저 나셨다. 만물이 그에게서 창조되되 그를 위하여 창조되었고 만물이 그 안에 함께 섰으니 아버지께서는 모든 충만으로 예수 안에 거하게 하셨다(골 1:15-19). 그리스도는 만물을 충만케 하시는 분이시다.

그리고 범죄한 인간의 구원 역사를 그리스도를 통하여 이루시고, 만물도 그리스도의 십자가의 피로 화목케 하셨다(골 1:20-22). 그러므로 하나님의 구원의 예정은 "그리스도 안에 감추어졌던 비밀"인데, 성육신과 함께 인간들에게 예표로만 보여주신 비밀을 교회에게 알게 하신 것이다. 그러므로 그리스도를 알게 될 때 그 안에 감추어진 지혜와 지식을 깨닫게 된다. 에베소서에서 하나님의 예정을 소상히 볼 수 있는데, 그것을 "하늘에 속한 모든 신령한 복"이라 했다. 우리가 십자가의 하나님의 사랑을 믿고 죄사함 받아 거룩하고 흠이 없는 하나님의 아들들이 되고 하나님의 상속자가 되어 천국의 영광을 누리는 것이 하나님의 기쁘신 뜻대로의 예정이다. 이것은 전적인 은혜요 주권적인 하나님의 사랑이다. 이것을 예정이라 한다. 예정이야 말로 조건없는 무조건적 하나님의 사랑인 것이다(엡 1:3-7). 속량, 즉 죄사함의 은혜는 때가 찬 하나님의 비밀이 그리스도의 탄생과 함께 인간 역사에 나타난 것이다.

> "그 뜻의 비밀을 우리에게 알리신 것이요 그의 기뻐하심을 따라 그리스
> 도 안에서 때가 찬 경륜을 위하여 예정하신 것이니" (엡 1:9)

2 _ 하나님의 예정의 역사

1) 구약 시대의 역사

구약 시대에는 하나님의 예정을 이스라엘의 역사와 여러 선지자
들을 통하여 말씀하셨다. 히브리서 1장 1절에는 구약 시대에는 선지
자들을 통하여 여러 부분과 여러 모양으로 우리 조상들에게 말씀하셨
다고 하셨다. 그렇다. 하나님은 역사적인 사건으로, 시대적인 사건으
로 그리고 선지자들을 통하여 이스라엘 민족들에게 하나님의 숨겨진
사랑을 말씀하여 주셨다. 출애굽 사건과 광야 40년 동안 함께 하시면
서 하나님의 의지를 그들에게 계시하여 주셨다. 사사시대에 와서도
우리는 매 순간마다 이스라엘을 향하신 하나님의 뜻이 계시기에 그들
의 죄에도 불구하고 그들을 포기하지 않으시고 역사를 통하여 사랑을
예시하시는 하나님을 만나게 된다. 왕정 시대에 와서는 역사적 사건
과 선지자들의 예언을 통하여, 그리고 바벨론 포로와 귀환 사건을 통
하여 하나님은 이스라엘을 향하신 하나님의 의도를 예시하여 주셨다.

또 이사야나 말라기같은 선지자들의 실제적인 예언을 통해 깨닫지 못하는 백성들에게 더 가까이 예언하여 주시고 예시하여 주셨다. 그래서 히브리서에서 "옛적에 선지자들을 통하여 여러 부분과 여러 모양으로 우리 조상들에게 말씀하신 하나님이 이 모든 날 마지막에는 아들을 통하여 우리에게 말씀하셨다"고 하셨다(히 1:1-3).

2) 신약 시대의 역사

(1) 세례 요한의 출현

신약 시대는 세례 요한의 출현으로 문을 열게 된다. 세례 요한은 이사야 선지자의 예언대로 그리스도 메시야의 길을 준비하기 위하여 보냄을 받은 사람이었다(사 40:3; 마 3:3; 막 1:3). 이와 같이 요한은 광야의 외치는 소리로서 그리스도의 오심을 선포하고 예비하도록 하셨다. 뿐만 아니라 그리스도를 증언하도록 보냄을 받은 자였다.

"하나님께로부터 보내심을 받은 사람이 있으니 그의 이름은 요한이라 그가 증언하러 왔으니 곧 빛에 대하여 증언하고 모든 사람이 자기로 말미암아 믿게 하려 함이라" (요 1:6-7)

그러나 세상은 그를 받아들이지 못하였다.

"그가 세상에 계셨으며 세상은 그로 말미암아 지은 바 되었으되 세상

이 그를 알지 못하였고 자기 땅에 오매 자기 백성이 영접하지 아니하였으나" (요 1:10-11)

그렇다 세례 요한의 증거에도 백성들은 알지도 못하였고 영접하지도 아니하였다. 세례 요한은 유대인들에게 두 번이나 예수님을 향하여 "세상 죄를 지고 가는 하나님의 어린양이로다"라고 외쳤다(요 1:29, 36). 그러나 유대인들과 당시 사람들은 예수님이 예정된 메시야라는 사실을 알지 못하였다. 이것이 하나님의 경륜의 비밀이었다.

(2) 성육신의 비밀이다

말씀이 육신이 되었다(성육신, Incarnation). 이 말씀은 하나님이 인간의 몸을 입고 세상에 오셨다는 말씀이다. 육신을 입고 사람의 모양으로 종의 형체로 하나님이 육신을 입고 사람으로 세상에 오셨다는 것이 인간의 이성과 과학적인 근거로 증거될 수 있는가! 그래서 신비의 기적적인 사건이요 인간 역사에 전무후무한 최고의 사건이 되는 것이다. 그러나 사실로 인간 역사의 현장에 나타난 것이다. 하나님이 육신을 입고 오신 것이다.

예수 그리스도는 보이지 않는 하나님의 본체이시다(빌 2:6). 태초부터 하나님과 함께 천지 만물을 창조하신 하나님이시다. 그래서 요한복음 1장 1절에 "태초에 말씀이 계시니라 이 말씀이 하나님과 함께 계셨으니 이 말씀은 곧 하나님이시니라"고 증거하고 있고, "그가 태초에 하나님과 함께 계셨고 만물이 그로 말미암아 지은 바 되었으니 지은 것이 하나도 그가 없이는 된 것이 없느니라"고 요한복음 1장 2절이 증언하고 있는 것이다. 골로새서 1장 15절과 16절에서는 "그는 보이지 아니하는 하나님의 형상이시요 … 만물이 그에게서 창조되되 … 만물이 다 그로 말미암고 그를 위하여 창조되었다"고 하였다. 이와 같이 성경은 예수가 하나님이시라는 것을 증거한다. 그 말씀이신 하나님이 육신을 입고 오셨다(요 1:14).

예수님이 하시는 일이 곧 하나님이 하시는 일이었고, 그의 말씀이 곧 하나님의 말씀이었다. 말씀으로 죽은 자를 살리시고 보지 못하는 자의 눈을 뜨게 하셨다. 중풍 환자를 일으키시고 눌린 자에게 자유를 주시고 가난한 자에게 복음을 선포하셨다. 죄와 두려움에서 속죄하여 주셨다. 그러나 우리와 같은 육체를 입으시고 고난을 받으셨다. 온전히 육신을 입고 오셨다. 이것을 성육신이라고 한다. 육신을 입으신 인간인데 또 그는 하나님이셨다. 상상도 못할 일이 일어난 것이다. 창조주 하나님, 거룩하신 하나님이 죄인의 모습으로 완전한 인간으로 피조 세계에 들어오셨다. 필자는 설명을 어떻게 해야 할지 한계를 느낀다. 그럼에도 불구하고 성육신은 실재요 역사적 사건이었다.

3) 성육신의 목적

성육신이야말로 하나님의 예정의 비밀을 위한 방법이었다. 성육신을 통해서만이 하나님의 예정의 숨겨진 경륜이 이루어지기 때문이다.

성육신을 통하여 이루시는 두 가지 위대한 역사를 보게 된다. 그것은 구원과 임마누엘이다.

(1) 인간 구원

성육신은 죄의 저주에서 멸망 받을 인생을 구원하시기 위한 하나님의 작정이다. 예수님의 잉태 예고에서 말씀하셨다.

"아들을 낳으리니 이름을 예수라 하라 이는 그가 자기 백성을 그들의 죄에서 구원할 자이심이라 하니라" (마 1:21)

이미 예수님의 오심은 죄의 멸망에서 인간을 구원하시고자 하시는 하나님의 예정된 과정이었다. 그렇다. 예수님도 "내가 의인을 부르러 온 것이 아니요 죄인을 불러 회개시키러 왔노라" 하셨다(눅 5:32).

예수님도 공생애를 시작하시면서 안식일에 회당에 들어가 이사야의 글을 읽으면서 하나님이 나를 보내셨다고 선언하셨다.

"주의 성령이 내게 임하셨으니 이는 가난한 자에게 복음을 전하게 하시려고 내게 기름을 부으시고 나를 보내사 포로된 자에게 자유를, 눈먼 자에게 다시 보게 함을 전파하며 눌린 자를 자유롭게 하고 주의 은혜의 해를 전파하게 하려 하심이라"(눅 4:18-19)

예수님께서 이 땅에 인간으로 오신 것은 하나님 아버지의 뜻을 행하려 함이라고 하셨는데, 그 뜻이 인간 구원이다(딤전 1:5-6). 이 하나님의 뜻의 내용은 사랑이다. 이 사랑은 상대적이고 이해 관계에 얽힌 사랑이 아니라 무한하고 무조건적인 사랑이다. 오직 사랑하시기 때문에 죄의 저주 아래 있는 인간을 구원하시고 이 아가페적 사랑으로 사랑하며 함께 교제하며 영생하시고자 하시는 무한대의 사랑이다. 이 사랑 안에서 이 모든 하나님의 역사가 진행되고 영원의 사랑이라는 하나님의 속성으로 영생하게 될 것이다.

이 사랑의 절정이 성육신의 고난이요 십자가의 고난이다. 십자가는 하나님의 예정이다. 인간의 죄를 위한 속죄제로의 제단이며, 그리스도는 인간의 대표로 속죄제물이 되신 것이다. 여기에 성육신의 의미가 있다. 의인은 없나니 단 한 사람도 없다. 모든 사람이 죄를 범하였으매 하나님의 예정의 영광에 이르지 못하였으므로 성자 하나님이 친히 인간이 되신 것이다. 죄 없는 인간 의인(義人), 인간을 대신할 인간 의인이 필요했다. 그래서 예수님이 하나님의 본체의 영광을 떠나 죄인의 모습으로 인간이 되신 것이다. 그리고 죄의 값을 대신하기 위하여 인간의 몸으로 오신 것이다. 이것이 성육신이요 위대하신 긍휼이자 풍성한 하나님의 사랑인 것이다(엡 2:3-7). 그래서 히브리서 기자는 "염소와 송아지 피로 하지 아니하고 오직 자기의 피로 영원한 속죄를 단번에 이루셨다"고 히브리서 9장 12절에 선포하셨다. 인간의 모든 불행은 죄로 인한 저주에서 온 것이다. 그런데 이 죄의 문제가 다 해결되었다. 누구든지 믿기만 하면 속죄 받고 의인되고 구원의 반열에 서서 하나님의 자녀가 되는 것이다. 인간의 구원은 속죄(贖罪) 속량(贖良)으로 인한 죄의 저주로부터의 해방이다. 누구든지 믿고 그리스도 안에 있으면 죄의 저주에서 구원받는다. 이것이 은혜요 하나님의 기쁘신 뜻이다.

> "우리는 그리스도 안에서 그의 은혜의 풍성함을 따라 그의 피로 말미암
> 아 속량 곧 죄 사함을 받았느니라"(엡 1:7)

> "그러므로 이제 그리스도 예수 안에 있는 자에게는 결코 정죄함이 없나
> 니 이는 그리스도 예수 안에 있는 생명의 성령의 법이 죄와 사망의 법에
> 서 너를 해방하였음이라" (롬 8:1-2)

구원은 속죄를 통하여 이루어진다. 죄 사함 받으니 의인이 되는 것
이고 거룩하게 되니 하나님의 자녀가 되는 것이다. 자녀가 되면 하나
님의 상속자로서 하나님과 함께 하나님의 영광으로 영생을 누리게 된
다. 이것이 구원이다.

(2) 임마누엘

임마누엘! 이를 번역하면 "하나님이 우리와 함께 계시다"는 뜻이
다. 그렇다. 성육신의 목적은 우리의 구원과 구원의 완전함과 영원한
보장을 위하여 하나님의 영이신 성령을 보내주시고 함께 영원히 계
시는 것이다. 성령은 하나님의 영으로 구원받은 인간에게 영으로 임
하셔서 이 악한 세상에서 보호하시고 인도하시고 영원까지 인도하신
다. 그리하여 우리의 구원을 보장하여 주시는 것이다. 성육신의 목적
은 십자가로 우리를 죄의 저주에서 구원하시고, 구원을 영원토록 완

전히 이루시기 위하여 연약한 인간을 위하여 친히 영으로 우리에게 오시는 것이다. 요한복음 14장에서 예수님은 세상을 떠나시기 전 제자들에게 이것을 약속하여 주셨다. 아담을 유혹하고 예수님을 시험하였던 마귀는 공중권세를 잡고 지금도 여전히 언제까지나 구원받은 성도들을 유혹하고 시험하고 있다. 그래서 하나님은 구원받은 자기 백성을 위하여 성령을 보내주시고 함께하여 구원에 이르도록 하실 것을 약속하셨다.

예수님은 십자가를 통하여 하나님의 예정의 역사를 이루신다. 그래서 십자가에 죽으시고 부활하신 후에 처음 제자들에게 부탁한 말씀이 "이제는 너희가 성령을 받으라"(요 20:20-23) 였다.

예수님의 부활 후 40일 동안 성령으로 제자들에게 명하시고 승천하시기 전에 부탁하신 말씀 또한 "성령을 받으라"는 것이었다.

> " … 예루살렘을 떠나지 말고 내게서 들은 바 아버지께서 약속하신 것을
> 기다리라 요한은 물로 세례를 베풀었으나 너희는 몇 날이 못되어 성령
> 으로 세례를 받으리라 … " (행 1:4-5)

그렇다 성령님이 제자들에게 오셔야 신앙의 역사를 감당하게 된다. 인간은 스스로 구원받은 신앙을 지키지도 못하고 구원받은 성도의 신앙의 역사를 감당하지 못한다. 그래서 "오직 성령이 너희에게 임하시면 너희가 권능을 받고 예루살렘과 온 유대와 사마리아와 땅 끝까지 이르러 내 증인이 되리라"(행 1:8) 하신 것이다. 이 말씀대로 오순절 성

령님의 강림으로 교회가 세워지고 구원받은 성도들의 신앙 역사가 일어나기 시작하였다. 이와 같이 구원받은 자들에게 성령을 부어주심으로 임마누엘이 이루어지게 되는 것이다. 그래서 바울은 "너희는 너희가 하나님의 성전인 것과 하나님의 성령이 너희 안에 계시는 것을 알지 못하느냐"(고전 3:16) 하였고, 예수님은 "너희가 이 성전(예루살렘 성전)을 헐라 내가 사흘 동안에 일으키리라"(요 2:19) 하신 것이다. 이제 하나님은 성전에 계시지 않는다. 구원받은 성도에게 성령으로 함께 계신다. 우리 몸을 성전 삼으시고 영으로 함께 계시며 신앙의 역사를 만들어 가신다. 그리고 영원히 함께 계시며 도우시고 지켜주시고 끝까지 영원한 하나님의 나라에 이르도록 하신다. 이것이 임마누엘이요 성육신 하신 하나님의 사랑이다.

3 _ 십자가의 비밀

복음은 만세와 만대로부터 숨겨져 온 하나님의 비밀이다. 이것을 십자가로 이루셨다. 예수 그리스도가 십자가에 못박혀 죽으실 것을 누가 알았을까? 그것은 하나님의 숨겨둔 복음의 비밀이다. 바울은 고린도전서 15장 2절에서부터 4절까지 이것을 요약해서 선포하였다. 성경대로 그리스도께서 우리를 위하여 죽으시고 장사 지낸 바 되었다가 성경대로 삼일 만에 다시 살아나사 산 자와 죽은 자의 구주시며 심판자가 되셨다. 그렇다. 예수 그리스도는 염소와 송아지 피로 하지 아니하고 오직 자기의 피로 영원한 속죄를 이루사 단번에 성소에 들어가심으로 속죄 곧 속량을 완성하셨다(히 9:12). 십자가야말로 숨겨진 비밀이었다. 유대인들이 이것이 하나님의 예정임을 알았다면 누가 예수를 배척하고 십자가에 못박게 하였겠나! 십자가는 하나님의 무한하신 사랑의 비밀이었다. 그 속에 하나님의 보화가 있는 것이다.

> "그리스도께서 우리를 위하여 저주를 받은 바 되사 율법의 저주에서 우리를 속량하셨으니 기록된 바 나무에 달린 자마다 저주 아래에 있는 자라 하였음이라 이는 그리스도 예수 안에서 아브라함의 복이 이방인에게 미치게 하고 또 우리로 하여금 믿음으로 말미암아 성령의 약속을 받게 하려 함이라" (갈 3:13-14)

이것은 하나님의 숨겨진 비밀로써 이방인들에게도 아브라함의 복과 성령의 약속을 받게 하시기 위한 하나님의 예정이었다.

존 스토트(John R. W. Stott)는 그의 책 『그리스도의 십자가』에서 제 8장 〈십자가는 하나님의 계시〉라고 하였다. 존 스토트는 그리스도의 십자가를 구원의 성취뿐 아니라 하나님의 계시라고 증언하였다.

첫째는, 하나님의 영광이라는 것이다.

예수님도 십자가 앞에서 아들로 인하여 아버지를 영화롭게 할 때가 되었다고 하셨다(요 17:1). 여기에서 그는 아버지와 아들이 함께 계시되

었다는 것이다. 십자가의 낮아지심과 죽으심 그리고 이로 인한 인간
의 속죄와 의와 그리고 재림과 심판을 대조해볼 때 얼마나 큰 영광의
계시가 되겠는가! 그렇다. 십자가의 그 비천하고 낮아지고 어두워진
절망 가운데서, 십자가 속에서 빛나는 승리의 영광의 빛을 바라보게
될 때 십자가의 숨겨진 영광을 볼 수 있다는 것이다.

둘째는 하나님의 공의를 계시한다 하였다.

로마서 3장 23-26절은 우리에게 십자가 사건이 무엇인지를 보여
준다.

> "모든 사람이 죄를 범하였으매 하나님의 영광에 이르지 못하더니 그리
> 스도 예수 안에 있는 속량으로 말미암아 하나님의 은혜로 값 없이 의롭
> 다 하심을 얻은 자 되었느니라 이 예수를 하나님이 그의 피로써 믿음으
> 로 말미암는 화목제물로 세우셨으니 이는 하나님께서 길이 참으시는 중
> 에 전에 지은 죄를 간과하심으로 자기의 의로우심을 나타내려 하심이니
> 곧 이 때에 자기의 의로우심을 나타내사 자기도 의로우시며 또한 예수
> 믿는 자를 의롭다 하려 하심이라" (롬 3:23-26)

셋째는 하나님의 사랑이다.

예수 그리스도의 십자가야말로 하나님의 최고의 사랑의 행위이다.
하나님 자신이 우리 죄를 담당하시고 화목제물이 되신 사건이다. 이
사랑은 출처가 인간이 아니라 하나님께로 난 사랑이다.

"하나님의 사랑이 우리에게 이렇게 나타난 바 되었으니 하나님이 자기의 독생자를 세상에 보내심은 그로 말미암아 우리를 살리려 하심이라 사랑은 여기 있으니 우리가 하나님을 사랑한 것이 아니요 하나님이 우리를 사랑하사 우리 죄를 속하기 위하여 화목제물로 그 아들을 보내셨음이라" (요일 4:9-10)

"우리가 아직 죄인 되었을 때에 그리스도께서 우리를 위하여 죽으심으로 하나님께서 우리에 대한 자기의 사랑을 확증하셨느니라" (롬 5:8)

지금까지 존 스토트의 〈십자가는 하나님의 계시〉를 살펴보았다. 그 것은 하나님의 무한하신 사랑, 공의로우신 사랑이었다. 이 사랑의 십자가의 죽으심으로 흘리신 피는 언약의 피로서 속죄의 역사를 이루기 위함이었다. 우리 인간 스스로 해결할 수 없는 죄의 문제를 죄 없는 어린양의 보배로운 피로써 우리를 속죄·속량하시고자 하시는 하나님의 사랑의 역사이다. 십자가는 죄에 대한 저주요 피 흘리심은 속죄의 언약이다.

"율법을 따라 거의 모든 물건이 피로써 정결하게 되나니 피흘림이 없은즉 사함이 없느니라" (히 9:22)

"그리스도께서 우리를 위하여 저주를 받은 바 되사 율법의 저주에서 우리를 속량하셨으니 기록된 바 나무에 달린 자마다 저주 아래에 있는 자라 하였음이라" (갈 3:13)

그래서 예수님께서 잡히시기 전날 밤에 잔을 가지사 축사하시고 "이것은 죄 사함을 얻게 하려고 많은 사람을 위하여 흘리는 바 나의 피 곧 언약의 피니라"(마 26:28) 하셨다.

세계적인 신학자라 할 수 있는 풀러신학교 교수인 김세윤 박사는 '믿음의 본질은 이 십자가로 이루어진 복음을 받아들이는 것'이라 했다. 그렇다 십자가는 하나님의 무조건적 무한의 사랑을 보여주시는 복음이다. 이것을 받아들이는 것을 믿음이라 한다. 바울은 로마서의 결론에서 "나의 복음"이라는 말을 하였다. 이 십자가의 복음이 나의 것이 될 때 하나님의 무조건적이고 무한한 사랑이 내 안에 들어오게 되는 것이다.

4 _ 교회의 비밀

지상의 교회가 이루어진다는 것은 유대인들에나 이방인에게 상상도 할 수 없는 일이었다. 그런데 예수님은 이 땅에 교회를 세우기 위하여 오셨다. 예루살렘 성전을 향하여 "너희가 이 성전을 헐라 내가 사흘 동안에 일으키리라"(요 2:19) 하셨다. 당시 유대인들에게는 미친 자의 소리였다. 그러나 이 말씀은 숨겨진 하나님의 예정이었다. 십자가의 죽으심과 부활은 이 세상에 교회를 세우기 위한 하나님의 예정이었다. 지상의 교회는 예수님의 육체를 십자가에서 깨트리시고 피 흘려 세우신 예수 그리스도의 몸 된 교회인 것이다.

1) 성령의 강림하심과 교회

사도행전 2장에서 120 문도의 기도와 함께 오순절에 강한 바람과 같은 성령의 임재로 말미암아 교회가 시작되었다. 성령은 주님의 약속하신 대로 제자들을 고아와 같이 두지 아니하시고 성령으로 친히 임재하셔서 교회로서의 복음의 역사를 하게 하셨다. 사도행전의 성령을 받은 사람들은 더 이상 옛날의 그 사람들이 아니었다. 성령의 사람들로 변화되고 교회를 이루어 예수님처럼 복음을 세상에 전파하였다. 그리고 점점 교회는 이적과 표적 그리고 변화된 삶으로 세상을 바꾸기 시작하였다. 성령을 받은 사람들은 지혜와 능력이 충만하였고 세상 어느 권력이나 박해도 두려워하지 않았다. 예루살렘에서 유다 각 지방으로, 소아시아 각 지방으로 불꽃처럼 번져나가며 많은 사람을 구원하는 역사가 나타났다. 성령은 교회의 생명이다. 교회의 시작은 성령님에 의하여, 그리고 복음의 역사도 성령에 의하여 이루어진다. 그래서 교회는 성령의 공동체요 성령에 의하여 이 땅에 하나님의 뜻을 이루어간다. 성령의 역사로 회개와 거듭남의 역사, 전도의 역사로 부흥을 만들어가는 것이 교회인 것이다.

2) 그리스도의 몸 된 교회

신약 시대의 교회는 구약 시대의 제사 제도에 이어진 것이지만 본질적으로 의미가 다르다. 구약의 제사 제도는 속죄를 위한 제사요 화목의 제사였다. 그러나 신약의 예배는 받은 바 은혜에 대한 감사의 축제로서 말씀을 나누고 사랑의 교제를 하고 말씀을 실천하기 위한 성령의 공동체이다. 은혜로 구원받은 백성들을 사도들을 통하여 예수 그리스도께서 깨트리신 몸으로, 하나님의 존재와 역사를 만들어 천국의 모형으로 세상에 보여주는 것이 교회이다. 그래서 교회는 하나님의 예정이요 그리스도께서 친히 자기 몸을 깨트리시고 세우신 것이다. 교회는 하나님께서 그리스도를 통하여 세우신 하나님 나라인 것이다. 그래서 음부의 권세가 교회를 이기지 못하는 것이다. 그러나 지상의 교회는 온전하지 못하다. 세상에 속하여 있고 사단의 공격을 항상 받고 있기 때문이다. 그래서 교회론에서는 '보이는 교회'와 '보이지 않는 교회'를 말한다. 그렇다! '보이지 않는 교회'는 은혜로 구원받아 거듭난 하나님의 백성들이지만, '보이는 교회'는 아직도 불신의 사람들이 '보이는 교회 공동체'에 함께 하고 있기 때문에 갈등이 초대교회 때부터 끊이지 않는 것이다. 그러나 보이는 교회에서 보이지 않는 온전한 교회로 세워져 가는 것이 교회의 성령의 역사이다. 하나님은 지상의 보이는 교회와 보이지 않는 교회를 통하여 영혼 구원의 역사를 이어가고 계신다. 많은 시험과 박해 속에서도 교회는 여전히 세상에 세워져 나가며 하나님의 나라의 일을 한다. 그리스도께서 하신 복음의 역사를, 성령을 보내시어 교회가 그리스도의 몸 된 교회로서의 역할을 감당하게 하신다.

하나님은 만물을 그리스도의 발아래 복종하게 하시고 만물 위에 그의 몸인 교회를 세우셨다(엡 1:22-23). 그리고 그의 몸인 교회를 통하여 만물 안에서 만물을 충만하게 하시는 것이다. 여기에서 교회의 의미와 능력을 보게 된다. 교회는 만물을 충만케 하는 그리스도의 능력이 있다. 만물 위에 세워진 교회, 그리고 만물을 충만케 하는 교회가 하나님의 교회이다. 그러므로 교회는 이 세상을 충만하게 해야 할 의무가 있다. 우리 그리스도인들이 교회 즉 그리스도의 몸이다. 이것은 우리가 그리스도의 몸으로 들어간 것이 아니라 십자가에서 자기 몸을 깨트리시고 은혜로 구원받은 우리를 그의 몸의 지체로 삼으신 것이다. 그래서 교회는 그리스도와 같이 만물을 충만케 하는 능력이 있다. 이것은 교회의 사명이다. 이것을 초대교회에서 보여주셨다. 교회는 만물을 충만케 하는 충만이 되어야 한다. 마가복음 16장 15-18까지는 교회에 위임한 말씀이며 19절, 20절에 그리스도께서 하신 일들이 실제로 나타난다. 그러므로 교회는 그리스도의 몸으로서 하나님 나라의 일을 세상에서 해야 한다. 그 사명을 다하지 못할 때에 예수님은 교회에 비극이 온다고 마태복음 5장 13절에서 경고하셨다.

이것이 성육신하셔서 육체를 깨트리시고 피를 쏟으시고 교회를 통하여 만민에게 복음을 전파하시고자 하시는 하나님의 예정의 비밀이다.

성경신학 총론

제 5 장 _ 그리스도의 재림과 부활 심판

기독교의 본질에서
충만한 복음의 비밀까지

5장

그리스도의 재림과 부활 심판

1 _ 그리스도의 재림

구약 성경이 메시야로서의 초림에 대한 예언이었다면 신약은 예수 그리스도의 재림에 대한 약속이다. 신약 성경은 마태복음에서부터 요한계시록까지 재림에 대한 말씀이요 약속이다. 유대인들은 구약 성경을 통하여 다윗의 자손으로 메시야가 오시기를 기다렸다. 그러나 오신 메시야가 다시 심판의 주님으로 오신다는 사실에 대하여는 생각지 못했고 이는 숨겨진 것이었다. 구약에서는 이사야 7장 14절과 스가랴 14장 4절 정도에서 예표로 말씀하셨기에, 고난 받으시고 십자가의 죽음으로 죄의 문제를 해결하여 주시고 구원받은 백성들을 성령으로 지켜주시고 마지막 날에 주 예수님이 친히 하늘로부터 재림하실 것에 대하여는 그들이 무지했던 것이다. 그래서 바울 사도도 고린도전서 15장 51절에서 재림 사건을 "비밀"이라 하였다. 그러나 하나님의 비밀을 성육신하신 예수님께서 친히 세상에 선포하셨다. 그래서 골로새서에서 바울은 "하나님의 비밀"을 "예수 그리스도"라 하였다.

"이 비밀은 만세와 만대로부터 감추어졌던 것인데 이제는 그의 성도들에게 나타났고 하나님이 그들로 하여금 이 비밀의 영광이 이방인 가운데 얼마나 풍성한지를 알게 하려 하심이라 이 비밀은 너희 안에 계신 그리스도시니 곧 영광의 소망이니라" (골 1:26-27)

그래서 골로새서 2장 2절-3절에서 "그(그리스도) 안에는 지혜와 지식의 모든 보화가 감추어져 있느니라" 하신 것이다. 그러므로 그리스도를 알게 될 때 우리는 하나님의 비밀을 알게 된다. 재림에 대하여도 예수님이 직접 마태복음 24장에서 재림의 징조와 시기에 대하여 말씀으로 풀어주셨다(눅 21장, 막 13장 참조).

"그 날 환난 후에 즉시 해가 어두워지며 달이 빛을 내지 아니하며 별들이 하늘에서 떨어지며 하늘의 권능들이 흔들리리라 그 때에 인자의 징조가 하늘에서 보이겠고 그 때에 땅의 모든 족속들이 통곡하며 그들이 인자가 구름을 타고 능력과 큰 영광으로 오는 것을 보리라" (마 24:29-30)

뿐만 아니라 계속하여 재림에 대한 준비의 말씀을 하셨다(마 24:32-51). 그래서 42절에서는 "그러므로 깨어 있으라" 하셨고, 44절에서는 "이러므로 너희도 준비하고 있으라 생각하지 않은 때에 인자가 오리라" 하셨다. 마태복음 25장에서도 '열 처녀의 비유'와 '달란트의 비유' '양과 염소의 비유' 등 숨겨졌던 재림의 비밀을 말씀해 주셨다. 바울 사도의 모든 서신의 중심 내용은 다시 오실 그리스도를 준비하라는 것이다. 특히 데살로니가서는 처음부터 끝까지 재림에 관한 말씀으로 이어진다.

사도 요한을 통하여 종말과 심판 그리고 재림의 계시를 펼치기 전에 그리스도의 재림을 먼저 선포하셨다.

"볼지어다 그가 구름을 타고 오시리라 각 사람의 눈이 그를 보겠고 그를 찌른 자들도 볼 것이요 땅에 있는 모든 족속이 그로 말미암아 애곡하리니 그러하리라 아멘"(계 1:7)

만세와 만대로부터 숨겨져있던 구원 역사의 비밀이 성육신 즉 예수 그리스도가 오심으로 모든 민족에게 알려지게 된다. 그런데 교회를 통하여 이루어지기 때문에 "성령이 너희에게 임하시면 너희가 권능을 받고 땅 끝까지 이르러 내 증인이 되리라" 하셨다. 그래서 이제는 모든 민족에게 이 복음이 전파되어야 한다. 불신자들에게는 상상도 못하는 숨겨진 비밀이다. 성경의 결론은 이것이다.

"이것들을 증언하신 이가 이르시되 내가 진실로 속히 오리라 하시거늘 아멘 주 예수여 오시옵소서"(계 22:20)

그러므로 교회는 이 재림의 복음을 온 세상에 전파할 사명이 있다.

2 _ 부활의 신비

부활이란 단어는 어느 종교에도 없는 기독교에만 있는 유일한 신비의 은총이다. 어떤 것으로도 증명하기 어려운 사건이다. 예수 그리스도의 부활이 역사적 사건이었다면, 앞으로 있을 성도와 모두의 부활은 누구에게도 설명하기 어렵고 또 누구도 증명하기 어려운 미래의 사건이다. 오직 성경만이 이 사실을 설명하고 있는데, 불신자들에게는 믿어지지 않는 신비한 사건이다. 그러나 요한복음 11장에서 예수님은 친히 이렇게 말씀하셨다.

> "… 나는 부활이요 생명이니 나를 믿는 자는 죽어도 살겠고 무릇 살아서 나를 믿는 자는 영원히 죽지 아니하리니 이것을 네가 믿느냐"(요 11:25-26)

이것을 사실로 믿는 것이 기독교 신앙이다. 죽어도 산다. 현재의 삶도 믿는다. 그러나 죽어도 다시 산다. 이것을 '부활'이라 한다. 부활은 단지 죽었다가 다시 사는 것이 아니다. 다시 살아서 영원히 죽지 않고 영원히 사는, 즉 영생(永生)을 의미한다. 이 생명이 하나님의 생명이다. 하나님은 과거, 현재 그리고 영원히 죽음이 없으신 분이다. 이 생명을 하나님께서 예수 그리스도 안에 주셨다. 그러므로 예수 그리스도 안에 있으면 이 생명으로 영원히 살게 된다. 그러므로 죽어도 다시 살게 된다.

"또 증거는 이것이니 하나님이 우리에게 영생을 주신 것과 이 생명이 그의 아들 안에 있는 그것이니라 아들이 있는 자에게는 생명이 있고 하나님의 아들이 없는 자에게는 생명이 없느니라" (요일 5:11-12)

믿음이란 하나님의 사랑을 믿고, 예수 그리스도를 구주로 믿고 받아들임으로 그리스도와 하나되는 것이다. 다시 말해 그의 생명으로 살아갈 때 성경의 신비가 풀리게 되는 것이다. 예수님은 요한복음 15장에서 포도나무의 비유를 통하여 나와 그리스도가 유기적으로 하나임을 말씀하셨다. 이와 같이 하나되는 것이 믿음이라는 것을 예수님은 복음서에서 여러가지 비유를 들어 말씀하셨다. 또한 그분의 성령을 받은 사도들도 동일한 말씀을 하였다. 바울 사도는 자기의 신앙고백을 갈라디아서 2장 20절에서 이렇게 고백했다.

"내가 그리스도와 함께 십자가에 못 박혔나니 그런즉 이제는 내가 사는 것이 아니요 오직 내 안에 그리스도께서 사시는 것이라 이제 내가 육체 가운데 사는 것은 나를 사랑하사 나를 위하여 자기 자신을 버리신 하나님의 아들을 믿는 믿음 안에서 사는 것이라" (갈 2:20)

바울은 골로새서 3장에서 "우리 생명이 그리스도와 함께 하나님 안에 감추어져 있다" 하였고, 부활을 예시하면서 "우리 생명이신 그리스도께서 영광 중에 나타나실 그 때에 너희도 그와 함께 나타나리라" 함으로써 부활이 어떻게 나타날지 증거하였다.

그렇다. 그리스도가 영광 중에 재림하실 때에 성도들의 부활이 있을 것이다. 그리스도인들은 부활을 믿는 사람들이다. 부활이 없다면 기독교의 믿음은 하나의 종교로서 인간들을 위로하고 스스로 속게 만드는 허탄한 것이 된다. 종교(宗敎)란 인간이 처하여 있는 불행을 인간이 해결할 수 없음을 알고 절대자 신을 '찾아가는 노력'으로, 인간의 바람대로 될 것이라고 믿는 자기 위안의 수단일 뿐이다.

그러나 기독교는 다르다. 기독교는 영원히 살아계시고 말씀으로 천지 만물을 창조하신 만물의 창조주요 생명의 근원이신 삼위일체 하나님을 믿으며 그분께서 우주 만물을 그분의 선하신 뜻대로 섭리하고 주관하신다고 믿는 것이다. 또한 하나님의 형상대로 지음받은 인간이 이 세상을 다스릴 청지기로 자신을 세우신, 생명의 주인되신 하나님을 믿고 그분의 뜻대로 살아가는 것이다.

그러나 더 놀라운 비밀이 있다. 그것은 부활의 신비다. 부활이야말로 하나님의 신비요 비밀 사건이다. 그래서 그리스도의 재림과 함께 이루어질 부활은 바울 사도도 비밀이라 하였다. 부활은 세상 지식으로는 해석할 수 없는 사건이다.

"보라 내가 너희에게 비밀을 말하노니 우리가 다 잠 잘 것이 아니요 마지막 나팔에 순식간에 홀연히 다 변화되리니 나팔 소리가 나매 죽은 자들이 썩지 아니할 것으로 다시 살아나고 우리도 변화되리라 이 썩을 것이 반드시 썩지 아니할 것을 입겠고 이 죽을 것이 죽지 아니함을 입으리로다 이 썩을 것이 썩지 아니함을 입고 이 죽을 것이 죽지 아니함을 입을 때에는 사망을 삼키고 이기리라고 기록된 말씀이 이루어지리라"
(고전 15:51-54)

이렇게 바울은 죽은 자의 부활을 자세하게 설명하면서 이것을 "비밀"이라고 하였다. 그렇다. 신앙은 하나님과 우리와의 비밀의 약속이다. 기독교인들의 최고의 가치의 소망은 부활이다. 이때에 우리는 그리스도의 영광과 함께 하나님의 상속자가 될 것이다(갈 4:6-7; 계 21:1-7).

3 _ 심판 (하나님의 공의)

인간의 역사는 영원히 계속되지 않는다. 선 마이크로스 시스템의 창업자인 빌 조이스는 첨단 과학 기술이 인류의 종말을 초래할 수 있다고 경고했다. 환경파괴나 이변이 생기는 기후 문제들과 첨단으로 발달해가는 과학기술은 인간들을 불안하게 만든다. 분명한 것은 우리는 성경대로 무슨 원인이 되든지 인류의 종말은 올 것이라고 믿는다. 성경적 입장에서 이 종말에는 두 종류의 종말이 있다. 하나는 개인적 종말이요 다른 하나는 인류가 고민하는 인류의 종말 또는 지구의 종말이다. 아무튼 무슨 종말이든지 인간에게는 끝이 있다. 그것을 개인에게는 '죽음'이라고 표현한다. 그렇다. 이 세상에 태어난 사람은 반드시 언젠가는 죽음으로 끝이 난다는 것이다. 그런데 인간은 죽음으로 끝나는 존재가 아니라 죽음 이후 또 다른 시작이 있다는 것이다. 그것이 영원의 세계이다. 영원의 존재이신 하나님이 인간을 자기 형상과 모양으로 만드시고 그 코에 생기를 불어 넣어 생령이 되니 이를 사람이라 하시고 인간에게 하나님의 창조의 관리자로 하나님을 대신한 자로 만드셨기에 세상을 관리하고 다스리며 생육하고 번성하여 살다가 죽으면 우리 영은 영원의 세계로 가서 하나님과 함께 영생하게 되는 것이다. 이것을 하나님 나라 즉 천국에서의 영생이라 한다. 그래서 베드로전서 2장 11절에서도 인생을 '행인'과 '나그네'라고 말하고 있다. 그렇다. 인생은 나그네로 사는 것이다. 시작이 있으면 끝이 있다. 잠언 3장 말씀처럼 이 세상은 시작의 때가 있으면 반드시 끝날 때가 있다. 이것이 세상의 원리이다.

"한번 죽는 것은 사람에게 정해진 것이요 그 후에는 심판이 있으리니"
(히 9:27)

죽음으로 끝나는 것이 아니요 새로운 시작을 위한 심판이 있다는 말씀이다. 그리스도 예수께서 세상 마지막 날 심판의 주님으로 온다는 것이다. 이것을 위하여 예수님은 성육신하신 것이고 성육신의 고난과 십자가의 저주를 받으신 것이다. 성육신으로 하나님의 예정이 뜻하신 바대로 성취되며 우리의 메시야이며 심판주로 재림하시게 되는 것이다.

이렇게 친히 심판의 주님으로 오실 것을 마태복음 24장 그리고 25장의 세 가지 비유, 곧 열 처녀의 비유, 달란트의 비유, 양과 염소의 비유로 말씀하시고, 복음서뿐 아니라 사도들에 의하여 행한 대로 심판을 받게 된다는 사실을 말씀하셨다. 고린도후서 5장 10절 말씀처럼 예외 없이 그리스도의 심판대 앞에 서서 선악 간에 행한대로 심판을 받는다. 마태복음 24장에서도 요한계시록 1장 7절에서도 그리스도의 재림이 심판으로 이루어지게 되기 때문에 모든 족속이 애곡하고 탄식하게 된다고 경고했다. 그렇다! 심판이 있다. 세상에서 우리가 나그네로 어떻게 살았는가의 결산이 공의롭게 이루어진다는 것이다. 생명을 주시고 인생으로 이 세상에 보내서 누리고 자유롭게 살게하신 하나님이 우리가 어떻게 살았는가의 공정한 심판을 하시는 것은 창조주로서의 마땅한 일이며 그 심판에 따라 영원한 생명이 결정될 것이다. 그래서 우리는 나그네와 같은 인생임을 잊지 말아야 한다. 그런데 이 심판이 두 종류의 심판으로 이루어진다는 것이다.

■ 그리스도의 심판(부활 심판)

우리 그리스도인들도 먼저 그리스도 앞에서 행한 대로 심판받을 것을 성경은 말한다.

"진실로 진실로 너희에게 이르노니 죽은 자들이 하나님의 아들의 음성을 들을 때가 오나니 곧 이 때라 듣는 자는 살아나리라 아버지께서 자기 속에 생명이 있음 같이 아들에게도 생명을 주어 그 속에 있게 하셨고 또 인자됨으로 말미암아 심판하는 권한을 주셨느니라 이를 놀랍게 여기지

말라 무덤 속에 있는 자가 다 그의 음성을 들을 때가 오나니 선한 일을
행한 자는 생명의 부활로 악한 일을 행한 자는 심판의 부활로 나오리라"
(요 5:25-29)

여기에서 예수님은 부활과 심판을 '생명의 부활' 과 '심판의 부활'
로 말씀하셨다. 그렇다. 이것은 그리스도 왕국 이전의 부활을 의미하
며 이것을 요한계시록에서는 '첫째 부활' 이라 하였고 천년 후에 다시
있을 것이라 하였다.

"(그 나머지 죽은 자들은 그 천년이 차기까지 실지 못하더라) 이는 첫째
부활이라 이 첫째 부활에 참여하는 자들은 복이 있고 거룩하도다 둘째
사망이 그들을 다스리는 권세가 없고 …"(계 20:5-6)

그렇다. 믿음으로 살다간 사람들은 그리스도의 재림과 함께 있을 영
광을 바라본다. 왜냐하면 행한 대로 갚아주시는 주님의 심판의 상급이
있기 때문이다.

"보라 내가 속히 오리니 내가 줄 상이 내게 있어 각 사람에게 그가 행한
대로 갚아 주리라"(계 22:12)

"그런즉 우리는 몸으로 있든지 떠나든지 주를 기쁘시게 하는 자가 되기를
힘쓰노라 이는 우리가 다 반드시 그리스도의 심판대 앞에 나타나게 되어

각각 선악간에 그 몸으로 행한 것을 따라 받으려 함이라" (고후 5:9-10)

그렇다. 그리스도 십자가의 흘리신 피로 속죄하여 의롭다 하시고 자녀 삼으시고 하나님의 상속자로 세워주신 우리를 구원하신 그분이 반드시 심판의 주로 오실 것이다. 그래서 그리스도를 증거한 세례요한도 마태복음 3장 12절에서 "손에 키를 들고 자기의 타작마당을 정하게 하사 알곡은 모아 곳간에 들이고 쭉정이는 꺼지지 않는 불에 태우시리라" 하였다. 예수님은 친히 재림에 대한 말씀에서 언제나 양면으로 말씀하셨다. 마태복음 25장에서도 비유마다 '들어가는 자' 와 '못 들어 가는 자', '칭찬 듣는 종' 과 '버림 받는 종', 영광의 보좌에 앉으실 때에 '양' 과 '염소' 를 가르심과 같이 '알곡' 과 '쭉정이', '곡식' 과 '가라지' 등 재림 때 있을 양면성을 말씀하고 있다.

그래서 베드로전서 2장 11절과 12절에서 너희가 이 세상에서 행인과 나그네로 있을 때에 육체의 정욕대로 살지 말라고 당부하셨다.

더욱 우리가 유념해야 할 말씀은 마태복음 7장이다.

"나더러 주여 주여 하는 자마다 다 천국에 들어갈 것이 아니요 다만 하늘에 계신 내 아버지의 뜻대로 행하는 자라야 들어가리라 그 날에 많은 사람이 나더러 이르되 주여 주여 우리가 주의 이름으로 선지자 노릇 하며 주의 이름으로 귀신을 쫓아 내며 주의 이름으로 많은 권능을 행하지 아니하였나이까 하리니 그때에 내가 그들에게 밝히 말하되 내가 너희를 도무지 알지 못하니 불법을 행하는 자들아 내게서 떠나가라 하리라" (마 7:21-23)

하나님의 예정된 심판이 그리스도의 이름을 부르는 자들에게도 이루어진다.

■ 최후심판 (백보좌 심판 – 일반적 심판)

요한계시록 20장 11절부터 이루어지는 인류의 심판이다. 인간들이 다시 살아서 심판을 받는다. 이것은 상식과 과학으로 이론을 설명할 수 없는 신비한 하나님의 비밀이다. 이것을 성육신으로 확실하게 계시하여 주셨다. 이 날은 지구의 최후의 날이요 이 땅의 모든 자들이 죽은 자 가운데서 다시 살아서 심판을 받는 날이다. 그래서 예수님은 이것을 요한복음 5장 29절에서 '심판의 부활'이라 하였다.

> "선한 일을 행한 자는 생명의 부활로, 악한 일을 행한 자는 심판의 부활로 나오리라" (요 5:29)

이렇게 불신자들은 최후의 날, 지구의 종말의 때에 공의로우신 하나님의 심판을 받고 불못에 던져질 것이다.

> "또 내가 크고 흰 보좌와 그 위에 앉으신 이를 보니 땅과 하늘이 그 앞에서 피하여 간 데 없더라 또 내가 보니 죽은 자들이 큰 자나 작은 자나 그 보좌 앞에 서 있는데 책들이 펴 있고 또 다른 책이 펴졌으니 곧 생명책이라 죽은 자들이 자기 행위를 따라 책들에 기록된 대로 심판을 받으니

바다가 그 가운데에서 죽은 자들을 내주고 또 사망과 음부도 그 가운데에서 죽은 자들을 내주매 각 사람이 자기의 행위대로 심판을 받고 사망과 음부도 불못에 던져지니 이것은 둘째 사망 곧 불못이라 누구든지 생명책에 기록되지 못한 자는 불못에 던져지더라"(계 20:11-15)

성경신학총론

제 6 장 _ 천국(하나님의 나라)

기독교의 본질에서
충만한 복음의 비밀까지

6장

천국 (하나님의 나라)

인간은 누구나 천국에 대한 희망을 가지고 있다. 예수님은 메시야로서 천국을 우리에게 주시기 위하여 오셨다. 그래서 예수님의 교훈은 곧 하나님 나라의 말씀이었다. 마지막 부활하신 후 40일 동안 세상에 계실 때도 누가는 하나님 나라의 일을 말씀하셨다고 했다. 예수님은 천국을 위하여 오셨다. 처음에 전하신 복음 전파의 내용도 "때가 찼고 하나님의 나라가 가까이 왔으니 회개하고 복음을 믿으라"(막 1:15)는 것이었다. 마태도 예수님의 처음 갈릴리 사역을 소개하며 "천국 복음을 전파하시며 백성 중의 모든 병과 모든 약한 것을 고쳐주셨다"고 기록하고 있다(마 4:23). 그렇다. 예수님은 죄의 저주 아래 있는 인간을 구원하시고 천국을 주시기 위하여 오셨다. 유대인들은 메시야가 오면 다윗의 뒤를 이어 독립된 메시야 왕국을 세울 것을 기대했다. 그래서 그들은 예수님을 메시야로 보지 못했다. 여기에 만대와 만세로부터 숨겨진 하나님의 비밀인 예수 그리스도의 십자가의 은혜가 있는 것이다.

■ 천국(하나님의 나라)의 비밀

그렇다. 천국은 비밀이다. 아무나 천국 복음을 들을 수도 없고 들어도 복음이 되지 못한다(막 4:11). 다 같이 한자리에서 천국의 말씀을 들어도 천국에 들어가는 자가 있고 들어가지 못하는 자가 있다. 말씀을 듣고 믿음으로 열매를 맺는 자라야 된다는 것이다. 알곡은 창고에 들이고 쭉정이는 불에 태운다(눅 3:17). 곡식과 가라지의 비유, 마태복음 25장의 달란트 비유, 그리고 양과 염소의 비유는 모두 숨겨진 하나님의 비밀이요 믿지 아니하는 자들에게는 허락되지 않는 하나님의 예정이다. 그래서 천국은 마치 밭에 감추인 보화와 같다고 하셨다.

> "천국은 마치 밭에 감추인 보화와 같으니 사람이 이를 발견한 후 숨겨
> 두고 기뻐하며 돌아가서 자기의 소유를 다 팔아 그 밭을 사느니라 또 천
> 국은 마치 좋은 진주를 구하는 장사와 같으니 극히 값진 진주 하나를 발
> 견하매 가서 자기의 소유를 다 팔아 그 진주를 사느니라" (마 13:44-46)

천국은 발견한 자만이 그것을 소유할 수 있는 비밀이다. 그래서 예수님은 말씀하시기를, 천국을 "여기 있다 저기 있다고도 못하리니 하나님의 나라는 너희(마음) 안에 있느니라" 하셨다(눅 17:21). 마가복음 4장 31에서는 하나님의 나라를 겨자씨에 비유하셨고 누룩에 비유하고 가루 서말을 다 부풀게 하는 누룩과 같다고 하셨다. 예수님은 믿음이 무엇이며 어떤 믿음이 천국에 들어갈 수 있는가를 교훈해 주셨다.

■ 누가 하나님의 나라에 들어갈 수 있는가?

밤에 찾아온 니고데모에게 예수님은 말씀하셨다.

" … 진실로 진실로 네게 이르노니 사람이 거듭나지 아니하면 하나님의
나라를 볼 수 없느니라 … 진실로 진실로 네게 이르노니 사람이 물과 성
령으로 나지 아니하면 하나님의 나라에 들어갈 수 없느니라" (요 3:3,5)

천국은 아무나 가는 곳이 아니다. 말씀과 성령으로 거듭난 자들이
들어가서 이루는 나라가 하나님의 나라다. 예수님께서 마태복음 25장
에서 하신 열 처녀의 비유에서는 기름을 예비한 자들이 들어가고, 달
란트 비유에서는 한 달란트 받은 자가 들어가지 못했다. 양과 염소의
비유에서는 왕이 와서 오른쪽 양들에게는 "복 받은 자들아 창세로부
터 너희를 위하여 예비된 하나님 나라를 유업으로 받으라" 하셨다. 왼
쪽 염소들에게는 "저주를 받은 자들아 나를 떠나 마귀와 그 사자들을
위하여 예비된 영영한 불에 들어가라" 하셨다.
천국에는 들어갈 자들이 들어간다. 우리는 왜 어떤 이들은 들어갔
고, 왜 어떤 이들은 들어가지 못했는가를 신앙의 과제로 삼아야 한다.

"나더러 주여 주여 하는 자마다 다 천국에 들어갈 것이 아니요 다만 하
늘에 계신 내 아버지의 뜻대로 행하는 자라야 들어가리라 그 날에 많은
사람이 나더러 이르되 주여 주여 우리가 주의 이름으로 선지자 노릇 하

며 주의 이름으로 귀신을 쫓아 내며 주의 이름으로 많은 권능을 행하지 아니하였나이까 하리니 그 때에 내가 그들에게 밝히 말하되 내가 너희를 도무지 알지 못하니 불법을 행하는 자들아 내게서 떠나가라 하리라" (마 7:21-23)

"이르시되 진실로 너희에게 이르노니 너희가 돌이켜 어린 아이들과 같이 되지 아니하면 결단코 천국에 들어가지 못하리라" (마 18:3-4)

■ 천국(하나님 나라)는 어떤 곳인가?

예수님은 천국을 혼인 잔치에 비유하셨다. 인간사에서 가장 즐겁고 행복한 잔치가 혼인 잔치이다. 그것도 자기 아들을 위하여 혼인 잔치를 베푸는 어떤 임금과 같다. 이 잔치는 모든 것이 준비되어 있는 잔치이다(마 22:1-4). 열 처녀의 비유에서도 천국은 신랑과 신부가 만나는 기쁨을 말씀하고 있다. 뿐만 아니라 요한계시록 21장 2절에서 "신부가 남편을 위하여 단장한 것 같더라"고 함으로 인간사의 최고의 즐거움, 희망, 행복을 표현하고 있다. 요한계시록 21장 9절에서부터 27절까지 표현된 천국 모습은 계시적인 것이지만 천국이 얼마나 좋은 곳인지를 보여준다. 새 하늘과 새 땅에서 펼쳐질 아름다움과 삶의 모습을 요한계시록 22장에서는 수정 같이 맑은 생명수의 강이 보좌로부터 흘러나와 길 가운데로 흐르고 강 좌우에는 생명나무가 달마다 열두 열매를 맺는 인간의 상상을 초월하는 세계로 묘사하고 있다. 천국은 하나님의 보좌요 영원히 하나님과 함께 영생을 누리는 곳으로 시간이나 공간의 한계가 없는 영원한 세계가 될 것이다. 그래서 예수님은 오른손이 범죄하거든 잘라 버려라, 그리고 그 몸으로 천국에 들어가는 것이 낫다고 하시며 이 세상에서의 고통과 비교될 수 없는 천국의 기쁨을 말씀하셨다. 바울 사도도 로마서에서 "현재의 고난은 장차 우리에게 나타날 영광과 족히 비교할 수 없다"고 했고, 로마서 14장 17절에서는 천국을 가리켜 세상적인 "먹는 것과 마시는 것이 아니요 오직 성령 안에서 의와 희락과 평강"이라고 하였다. 그러므로 천국은 세상의 어떤 것으로도 설명할 수 없는 영원한 하나님의 거룩한 작품이라 할 수 있다.

제 7 장 _ 성경신학적 계시의 해석

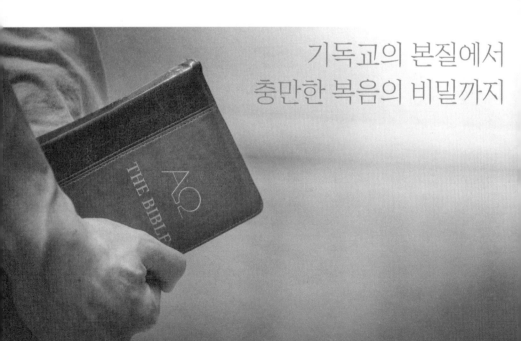

기독교의 본질에서
충만한 복음의 비밀까지

성경신학적 계시의 해석

1 _ 마태복음 1장의 족보에서 보는 구속의 역사

1) 아브라함의 선택과 부르심

이스라엘의 역사는 아브라함의 선택과 부르심에서부터 시작된다. 그러므로 아브라함은 이스라엘의 원 조상이 되었다. 아브라함은 수메르 문화 중심지였던 메소포타미아 도시 우르에서 출생하였고 하나님 없는 문화 속에서 이방 우상을 섬기는 백성들 가운데서 살았을 것이다. 그러나 자기의 의도와는 상관없이 하나님의 부르심을 받는다. 그 부르심과 함께 하나님의 언약의 약속을 받는다(창 12:1-4). 그때 그의 나이는 75세였고 이미 하란에서 조상들과 가족들과 함께 살았다. 그런데 하나님의 부르심을 받고 믿음으로 말씀을 따라가게 된다. 여기에 인간 구원을 위한 하나님의 무한한 사랑의 계획이 있었다. 아브라함은 하나님의 언약의 말씀을 약속으로 믿고 믿음으로 따라나선 것이다. 이것은 전적으로 주권적 은혜의 역사이다. 고향과 친척 그리고 아비 집을 떠나 갈 바를 알지 못하였으나 말씀을 따라 가나안이라는 생소한 땅에 삶의 둥지를 틀었는데, 이것이 이스라엘의 시작이요 인간을 구원하시고자 하시는 하나님의 의도였다. 아브라함은 여러 가지 많은 삶의 우여곡절을 겪으면서 자기를 통한 하나님의 역사에 쓰임받는 도구가 되고 이스라엘의 조상, 믿음의 조상이 되었다. 이와 같이 하나님의 선택과 부르심은 주권적 은혜이며 이것은 또한 개인이나 집단에게도 동일하게 적용되는 것을 보게 된다. 그러므로 한 사람의 선택은 중요한 의미를 가진다.

2) 족보 속에 들어있는 구원의 비밀

원래 족보는 한 가문이나 한 족속의 계통과 혈통의 관계를 기록하는 것이다. 이스라엘의 계보는 순수한 아브라함의 후손으로 이스라엘 자손만이 족보에 기록되는 것이 기본이다. 그런데 마태복음에서 나타나는 족보에는 이방인도 들어있고, 그것도 이방인으로서 부끄러운 이름도 적혀있다. 뿐만 아니라 다말과 유다의 관계를 보면 시아버지와의 부끄럽고 있을 수 없는 일들을 그대로 기록하여 족보라고 하고 있다. 라합과 룻은 이방 여인이다. 여자들이 이스라엘 전통으로 족보에 들어간다는 것은 상상도 못할 일인데, 마태복음을 보면 족보에 여자들의 이름이 있고 그것도 이방 여인들이 들어있다. 뿐만 아니라 다윗은 "우리아의 아내에게서 솔로몬을 낳았다"고 하여서 믿음의 사람 다윗의 실수와 죄를 족보로 기록하고 있다. 여기에 골로새서 1장 26절부터 나오는 만세와 만대로부터 감추어진 하나님의 비밀을 예수 그리스도를 통하여 교회에 알게 하셨다고 바울은 말했고 예수 그리스도가 우리의 영광의 소망이라 하였다.

> "하나님이 그들로 하여금 이 비밀의 영광이 이방인 가운데 얼마나 풍성한지를 알게 하려 하심이라 이 비밀은 너희 안에 계신 그리스도시니 곧 영광의 소망이니라" (골 1:27)

하나님은 유대인만의 하나님이 아니라 이방과 온 인류의 하나님이심을 보여주시는 족보이다. 유대인의 하나님도 그리고 이방 모든 열방의 하나님도 되시며 죄인들의 하나님도 되신다. 마태복음의 족보에서 하나님은 만유의 주시며 천지 우주 만물의 주가 되심을 보여주신다. 온 인류를 구원하시기 위하여 아브라함을 부르시고 이스라엘 민족을 이 세상에 형성하시고 그리스도 예수를 보내시고 그로 말미암아 인간을 죄의 영원한 저주에서 구원하시고자 하시는 예정을 신약의 관문에서 보여주시는 것이다.

3) 족보에서 보여주시는 신앙의 교훈

마태복음에서 족보는 모든 대수를 아브라함부터 다윗까지 열네 대요, 다윗부터 바벨론으로 사로잡혀갈 때까지 열네 대요, 바벨론으로 사로잡혀간 후부터 그리스도까지 열네 대로 기록하고 있다. 1장 17절에 대수를 말하므로 족보에서 큰 의미를 주고 있다. 족보를 세 개의 연대로 나누시는 이유는 무엇인가? 그렇다! 아브라함과 이삭과 야곱의 시대는 한 가정으로 역사가 시작된다. 역사는 한 개인으로부터 시작하여 한 가정이라는 공동체를 통하여 역사가 시작된다. 위대한 역사를 위하여 하나님은 한 사람을 선택하시고 부르신 것이다. 그 한 사람의 부르심 속에 역사가 들어있다. 그래서 우리는 나 한 사람 안에 하나님의 비전이 있다는 것을 잊어서는 안된다. 성경의 역사적 사건은 후세의 사람들에게 본보기가 된다(고전 10:6, 11). 아브라함의 가정 역사는 야곱의 열두 아들 시대부터 족장의 역사로 바뀐다. 그래서 애굽에서 종살이하면서도 애굽의 통치 아래서 족장들을 중심으로 역사가 이어졌고 출애굽 후에도 그들은 광야생활 중에 족장들의 지도 아래 역사를 만들어갔다. 이어서 족장들을 중심으로 가나안 땅에서 사사 시대를 이어갔다. 그래서 이 시대를 족장 시대라 하고 가나안 정착 후의 시대를 사사 시대라고 한다. 사사 시대가 끝날 즈음에 백성들은 이방 나라와 같이 왕을 요구하게 되고 이에 사무엘 선지자는 왕을 세우게 되는데, 첫째 왕으로 사울을 왕으로 세우게 되었으나 결국은 백성들의 선택이 죄임을 알기 위해 실패하게 된다. 그래서 하나님께서 그의 마음에 합한 자 다윗을 왕으로 세우게 된다. 여기까지 열네 대가 되는데, 이 시대는 하나님이 친히 통치하시던 시대이다. 이것을 신정 시대라 할 수 있다. 온전히 하나님의 통치 아래 있었다. 아브라함 때부터 다윗까지는 민족의 여러 역사를 내려오며 하나님이 직접 통치하시고 인도하시는 신정 시대였다.

둘째로 다윗부터 바벨론으로 사로잡혀갈 때까지가 열네 대인데, 이 시대는 왕들이 백성들을 통치하던 왕정 시대였다. 선지자들이 있었으나 통치권이 왕들에게 있으니 왕에 따라 하나님의 뜻을 따르기도 하고 자기 중심적으로 백성을 통치하기도 하고 때로는 이방 우상을 들여와 백성들로 섬기게 하는 왕 중심의 시대, 인간 중심의 시대가 되었다. 하나님은 선지자들을 통하여 고난 가운데 백성들을 깨우치기도 하고 왕들에게 외치셨다. 그러나 인간이 왕이 되어 세상을 다스리다보니 왕의 타락이 백성들의 타락으로 이어져 신앙은 무너지고 도덕과 윤리도 무너지게 되었다. 사람들이 타락한 세상 문명(文化)에 빠져 하나님을 잊어버리고 방탕하게 살다보니 나라는 대외적으로 약해지고 기근과 흉년으로 백성들은 곤비해지게 되었다.

하나님의 진노의 역사를 이스라엘이 스스로 자초하고 말았다. 국력이 약해지다보니 외국의 침략으로 고통 받고, 결국은 비참하게 바벨론으로 사로잡혀가 포로 생활을 하게 되었다. 이스라엘의 신앙과 역사와 문화와 전통을 자랑하던 예루살렘 성이 적군들에 의해 파괴되는 불행의 역사를 만들었다. 이곳에서 하나님의 부르심을 받은 백성들은 바벨론 문명의 노예가 되고 이방인의 통치 아래서 수모를 겪게 되었다. 바벨론은 당시 최고의 세상 문명의 나라요 제국으로, 세상 권세가 다스리는 세계이다. 그렇다. 하나님의 백성들이 세상 문명과 권력에 지배를 받는 백성이 되었다.

셋째로 바벨론 포로에서 예수 그리스도까지가 열네 대다. 그리스도는 약속된 메시야로, 온 이스라엘 백성이 기다리던 희망이요 구원이었다. 하나님은 열네 대까지 이스라엘 백성을 연단하시고 이것을 하나님을 아는 교육 현장으로 삼아 백성들로 하여금 고통의 터널을 지나게 하셨다. 이스라엘의 힘으로는 도저히 구원받을 수 없었다. 나약하고 바벨론 문명에 물들어있던 백성들을 죄악의 어두운 그늘, 사망의 늪에서 해방시켜주시기 위해 하나님께서 그 아들(메시야)을 보내셨고 인간 구원의 역사, 하나님의 예정된 비밀을 완수하기 위하여 그리스도가 육신을 입고 족보에 따라 오신 것이다(엡 1: 8-9; 11-12; 골 1:26-28; 롬 11:32-36).

4) 신앙의 적용

마태복음의 족보는 족보로 끝나는 것이 아니다.

첫째는 예수 그리스도가 유대인들이 바라고 기다리던 그 메시야라는 정통성을 보여주는 역사적 증거가 된다. 그렇다. 예수가 유대인들이 바라고 온 인류가 바라고 기다리던 메시야다. 이방 세계에도 메시야 사상이 있었다. 그러나 유대인과 인간이 바라는 메시야가 아니다. 참 메시야는 아브라함의 후손으로 하나님의 예정대로 그 족보대로 오신 예수다. 족보는 예수 그리스도가 온 세상의 메시야로 만물을 새롭게 하고 인간을 불행에서 구원하시는 메시야라는 것을 증거하고 있다.

둘째는 족보를 통하여 올바른 신앙의 자세를 갖도록 교훈하시는 것이다. 아브라함으로부터 다윗까지의 열네 대를 '신정정치시대'라 한다. 그리고 다윗으로부터 바벨론에 사로잡혀갈 때까지를 '왕정 시대' 라 하고 다음을 '바벨론 포로시대' 라 한다. 여기에서 신앙의 올바른 자세가 무엇인지 깨달을 수 있다. 그렇다. 신정정치의 정신이 신앙의 바른 자세라 할 수 있다. 신앙은 오직 하나님을 우리 인생의 왕으로 모시고 그분의 뜻에 따라 그 법대로 살아가는 것이다. 이것이 내 인생의 전부가 되어질 때 신앙의 성공을 하게 된다. 이스라엘 백성들의 실패는 신정정치 하에서도 불순종하고 불평하고 원망하고 이방의 우상을 섬겼기 때문이다. 그로 인해 나라와 개인들이 많은 고난을 겪게 되었다. 그들의 신앙에서 교훈을 받고 오직 하나님의 뜻에 따라 살아가는 것이 신앙이다. 그래서 예수님도 제자들에게 기도를 가르치실 때에 "하늘에 계신 우리 아버지여, 이름이 거룩히 여김을 받으시오며 뜻이 하늘에서 이룬 것 같이 이루어지게 하옵소서"라고 기도하게 하셨다. 신앙은 내 뜻을 포기하고 하나님의 뜻을 따르는 것이다. 예수님도 "내가 하늘에서 내려온 것은 내 뜻을 행하려 함이 아니요 나를 보내신 이의 뜻을 행하려 함이니라"(요 6:38)고 하셨다. 오직 하나님의 통치 아래서 겸손하게 순종하는 것이 신앙이요 형통하고 복 받는 길이다. 둘째로 타락의 시작은 왕정 시대로부터 본격적으로 이루어진다. 내 인생의 왕이 내 자신이 되면 옆에서 선지자들의 외치는 소리가 있어도 자신의 신념과 이상과 뜻이 조화를 이룬다 하여 온전하신 하나님의 뜻에서 벗어나 변질되기 시작하고 후에는 세속화된 자신의 이상이 자신을 주장하며 세상을 살아가게 마련이다. 그렇다. 내 인생의 주인이 누구냐? 는 중요하다. 왕정 시대에 하나님이 아니고 인간이 왕이 되다 보니 이러한 과정에서 이스라엘 선민은 하나님과 멀어지고 자신이 주인되어 자기의 생각과 마음대로 사는 타락한 인생이 된 것이다. 그 결과가 바벨론으로 사로잡혀가는 불행한 운명에 놓이게 된 것이다. 여기 족보에서 바벨론은 타락한 세상 문명이다. 족보는 우리에게 얼마나 좋은 교훈을 주고 있는가! 내 인생의 주인이 하나님에게서 자신으로 바뀌고 자기가 인생의 주인이 될 때 자신도 모르는 사이에 세상 바벨론 문명에 물들어가고 때로는 양심의 가책도 받겠지만 점점 밀려오는 세상 바벨론 문명의 맛에 빠져버리고 그 속에서 세상 만족을 찾으려는 희망을 갖게 된다. 이제는 마음에 가책도 없고 무디어진 상태에서 하나님을 갈망하면서도 스스로 빠져나오지 못하게 된다. 그렇다. 인간은 스스로 자기 죄 속에 갇혀 죽어가면서 살아날 수 있는 가능성을 잊어버렸다. 그래서 어두움과 사망의 그늘이 드리워진 희망이 없는 세상에 독생자 예수님이 하나님의 예정하신 대로 아브라함의 후손으로 육신을 입고 오신 것이다. 그래서 우리는 마태복음 1장 1절에서 "아브라함과 다윗의 자손 예수 그리스도의 세계(계보)라" 한 것에 관심을 가져야 한다.

2 _ 창세기에서 창조와 타락과 심판

1) 인간 창조와 여인의 후손

인간 창조의 목적은 하나님의 형상과 모양으로 만든 사람이 하나님의 사랑의 대상이 되는 것이었다. 사랑의 아름다운 대상으로 인간을 만드시고 하나님을 대신한 자로 창조된 만물을 다스리고 관리하고 정복하고 누리고 하나님과 함께 창조의 즐거움으로 안식하는 하나님의 벗이 되는 것이었다. 그러나 이 아름다움은 오래가지 않았다. 만물의 영장으로 그의 형상을 따라 인간에게 주어진 자유의지는 사탄의 유혹을 받고 인간 탐욕에 흔들리고 결국은 하나님과 구별하기 위하여 만든 선악과를 따먹고 하나님의 의도를 파괴시켰다. 창조의 아름다움과 에덴의 행복을 상실하게 되었다. 이때에 하나님이 예정하신 대로 여자의 후손이 성경에 등장하게 된다(창 3:15). 사람에게는 선악과를 먹음으로 사탄의 유혹과 악한 죄의 속성이 인간의 피에 흐르고 죄악이 연속된다. 에덴에서 쫓겨난 인간은 불순종과 탐욕과 미움과 시기가 빚은 두려움의 사건, 가인과 아벨 사건을 맞이하게 된다. 이때부터 선과 악이 공존하며 사단이 하나님의 창조를 파멸시키기 위하여 인간을 타락하게 하고, 타락한 인간이 하나님을 거스리고 사단의 본성인 반역과 타락으로 죄의 종이 되어버린 것이다. 이것을 예견하신 하나님은 미리 예정하신 여인의 후손으로 인간이 해결할 수 없는 죄의 문제를 해결하시고자 작정하신 것이다. 그래서 갈라디아서 4장 4~5절에 "때가 차매 하나님이 그 아들을 보내사 여자에게서 나게 하시고 율법 아래에 나게 하신 것은 율법 아래에 있는 자들을 속량하시고 우리로 아들의 명분을 얻게 하려 하심이라"고 하신 것이다. 이사야 선지자의 동정녀 잉태와 누가복음의 탄생은 우연이 아니고 범죄로 죽어간 인생을 살리시려는 하나님의 작정이었다. 창세기 3장 15절에 예언된 여인의 후손은 만대와 만세로부터 숨겨진 하나님의 비밀이다.

노아 심판과 하나님의 계획

세월이 흘러가고 생육이 증가하고 인류가 세상에 번성하여 가고 있을 때, 하나님이 사람들의 악함을 보시고 사람 지으심을 한탄하시고 새로운 세상을 위한 정화 작업을 하신 것이 노아 심판이다(창 6:6-7). 그러나 당대의 노아는 은혜를 입은 자로 의인이었으며 하나님과 동행하는 자였다. 노아로 방주를 만들게 하시고 노아와 노아의 가족들 그리고 새로운 생명의 출발을 위한 각종 동물들을 암수로 둘씩 들어가게 하셨다. 노아가 육백 세 되던 해에 홍수가 사십 일 동안 계속되고 물이 땅 위에 넘치매 육지에서 그 코에 생명의 기운이 있는 것을 다 쓸어버리시고 물이 백오십 일 동안 넘침으로 공중의 새들까지도 다 멸하여 버리셨다(창 7:17-24). 하나님의 창조의 새로운 역사는 노아 후 노아의 세 아들인 셈, 함, 야벳으로 이어져 정화된 새로운 땅, 새 세계에서 또 다시 시작되었다. 홍수의 두려움 속에 사는 인간들에게 물의 멸망은 더 이상 없을 것이라는 언약으로 무지개를 주셨다. 그러나 사단의 유혹을 받아 죄인된 인간들의 역사는 또다시 하나님을 도전하는 배역의 역사를 만든다. 그것이 바로 바벨탑 사건이다. 인간은 인간 스스로 불행했던 심판의 문제를 해결하고자 하였다. 죄의 심판은 인간이 스스로 면할 수 없는 일인데, 이를 인간 스스로 해결하려고 하는 것은 하나님을 도전하는 일이다. 죄의 기준도 하나님이 정하시고 심판의 주인도 하나님이시다. 결국 인간들은 실패하고 온 세상에 흩어져 살게 되었다(창 11:1-9). 이로써 인간의 죄와 심판에 대한 교훈을 주셨고 인간이 인간의 문제를 해결할 수 없음을 보여주셨다.

3 _ 구약의 요셉을 통한 하나님의 계시

1) 요셉

요셉은 사랑의 출생이었다. 야곱이 노년에 그 사랑하는 라헬을 통하여 얻은 아들로 야곱의 사랑의 편애를 다 받았다. 형제들이 상상도 못하는 사랑이었다. 항상 같이하고 옷을 입혀도 채색 옷을 입히고 형들이 생계를 위해 양떼를 몰고 있을 때 요셉은 아버지 야곱으로부터 조상으로부터 섬겨오는 신앙의 유전을 받았을 것이다. 그래서 하나님을 알고 아버지의 신앙이 요셉에게로 이어지며 하나님의 계획 속에 들어간 것이다. 이 또한 하나님의 자기 계시인 것이다. 그는 야곱에게 생명같은 사랑이었다. 그를 낳은 라헬은 동생 베냐민을 출생하다 죽었다. 그러므로 총명한 요셉에게 어머니 라헬을 사랑하던 아버지 야곱의 사랑이 더욱 내려가게 되었다.

2) 팔려가는 요셉

형들의 질투로 미움의 대상이 된 요셉은 형들의 안부와 좋은 소식을 가지고 양떼를 모는 세겜으로 가게 된다. 멀고 먼 길을 찾아오는 요셉을 보자 형들은 반가움보다 질투로 인한 악한 모의를 하게 된다. 결국에는 형들에게 고난을 받고 애굽으로 내려가는 미디안 상인들에게 팔리게 된다. 요셉은 형들에게 애원을 한다. "살려 주세요." 보고 싶은 아버지에게로 보내주기를 애원했다. 그러나 형들에 의해 미디안 상인들에게 팔려가고 상인들은 애굽의 보디발의 집에 노예로 요셉을 판다. 야곱의 사랑받던 아들이요 총명하여 꿈을 꾸고 부모를 기쁘게 하던 요셉은 노예의 신세가 되어 보디발의 집에서 종노릇하게 된다. 보디발은 애굽의 바로의 신하, 바로의 친위대장이었다. 보디발의 노예가 된 요셉은 조상으로부터 섬겨오는 여호와 하나님에 대한 믿음으로 노예로서, 종으로서 신실하다 보니 가정 총무 즉 가정 청지기까지 되는 신임을 받게 된다. 가정 총무로서 성실하게 행하니 하나님이 그로 인하여 보디발의 집에 복을 주셨다. 준수하고 매사에 성실한 요셉을 보디발의 아내가 끊임없이 끈질기게 유혹한다. 여호와 하나님의 신앙을 지닌 요셉은 보디발의 아내의 결정적 유혹에도 "나는 하나님 앞에서 죄를 범할수 없습니다"란 단호한 신앙고백으로 위기를 모면하지만, 보디발의 아내의 누명으로 주인 보디발로부터 배신자로 낙인 찍혀 버림을 받게 된다(창 37장, 39장).

보디발은 요셉을 잡아서 왕의 죄수들을 가두는 감옥에 잡아넣었다(창 39:20). 그러나 성실한 요셉은 하나님이 함께 하시므로 옥중에서도 은혜를 입고 간수장이 옥의 죄수들을 그의 손에 맡기고 제반 사무를 처리하게 하였다(창 39:21-23).

함께 감옥에 있는 관원장들이 꿈을 꾸고 그 꿈으로 인하여 고민하게 된다. 하나님의 지혜를 받은 요셉은 그들의 꿈을 해석해주며 사랑을 받고, 그들은 요셉이 해몽하여 준 대로 미래가 이루어지게 된다. 꿈 대로 밖에 나가 복직한 관원장도 있었지만 그는 곧 요셉을 잊었다.

3) 애굽의 총리가 된 요셉

애굽의 왕 바로는 꿈을 꾸게 된다. 그러나 그 꿈으로 인하여 바로는 번민하게 되고 애굽의 모든 점술가와 현인들을 모으고 말하였으나 그 꿈을 해몽하는 자가 없었다. 바로의 번민이 심하여 갈 때 술 맡은 관원장이 왕께 고하기를, 감옥에 있을 때에 히브리 청년이 자신의 꿈을 해몽하여 오늘 이렇게 복직하였노라 하고 말하니 왕이 즉시 사람을 보내어 히브리 청년 요셉을 불러왔다. 요셉은 왕 앞에 나아갈 때에 감옥에 있던 누추한 모습을 벗어 버리고 단정히 하여 왕 앞에 서서 이렇게 말한다.

"요셉이 바로에게 대답하여 이르되 내가 아니라 하나님께서 바로에게 편안한 대답을 하시리이다" (창 41:16)

요셉이 침착하게 바로의 꿈을 말하고 현명하게 해몽하고 이것을 대처하는 방안을 제시하여 주니 바로 왕이 매우 기뻐하며 "이와 같이 하나님의 영에 감동된 사람을 우리가 어찌 찾을 수 있으리요" 하고 요셉에게 말했다.

"요셉에게 이르되 하나님이 이 모든 것을 네게 보이셨으니 너와 같이 명철하고 지혜 있는 자가 없도다 너는 내 집을 다스리라 내 백성이 다 네 명령에 복종하리니 내가 너보다 높은 것은 내 왕좌뿐이니라 바로가 또 요셉에게 이르되 내가 너를 애굽 온 땅의 총리가 되게 하노라 하고 자기의 인장 반지를 빼어 요셉의 손에 끼우고 그에게 세마포 옷을 입히고 금 사슬을 목에 걸고 자기에게 있는 버금 수레에 그를 태우매 무리가 그의 앞에서 소리 지르기를 엎드리라 하더라 바로가 그에게 애굽 전국을 총리로 다스리게 하였더라" (창 41:39-43)

이와 같은 역사적 사건들이 우연의 역사가 아닌 것을 우리는 안다. 인간을 구원하시려는 하나님의 계획 속에서 이루어지는 예견된 사건들이었다.

온 애굽 땅에 풍년이 칠 년 동안 풍성하게 주어질 때에 지혜롭게 요셉은 총리로서 바로 왕과 나라를 위해 저축하게 만들고 다가오는 칠 년의 대흉년에 양식이 없어 굶어죽는 사람이 없게 하여 백성들을 살리는 총리가 되었다. 이때에 가나안 땅에도 흉년이 오래가 양식이 없어 주리고 죽어가게 되니 야곱의 아들들도 양식을 구하러 애굽으로 내려가게 된다. 이로 인하여 형제들을 만나고 어려운 가뭄을 이겨내며 때가 되어 가족들을 만나 온 이스라엘이 구원받고 이스라엘 민족이 애굽으로 옮겨가는 계기가 되었다. 바로 왕의 호위로 애굽의 고센 땅이라는 기름진 땅에서 아브라함의 후손 이스라엘이 큰 민족으로 번성하게 되었다. 결국 요셉을 애굽에 보내신 분이 하나님이시다.

"당신들이 나를 이 곳에 팔았다고 해서 근심하지 마소서 한탄하지 마소서 하나님이 생명을 구원하시려고 나를 당신들보다 먼저 보내셨나이다

이 땅에 이 년 동안 흉년이 들었으나 아직 오 년은 밭갈이도 못하고 추수도 못할지라 하나님이 큰 구원으로 당신들의 생명을 보존하고 당신들의 후손을 세상에 두시려고 나를 당신들보다 먼저 보내셨나니 그런즉 나를 이리로 보낸 이는 당신들이 아니요 하나님이시라 하나님이 나를 바로에게 아버지로 삼으시고 그 온 집의 주로 삼으시며 애굽 온 땅의 통치자로 삼으셨나이다" (창 45:5-8)

이것이 숨겨진 하나님의 예정이요 인간 구원의 역사이다. 우리는 창세기에서 하나님의 창조와 타락과 그리고 죄의 심판을 보았다. 그러나 인간을 구원하시는 하나님의 숨겨진 손길, 구원 역사의 과정을 볼 수 있어야 한다. 요셉은 구약 성경의 메시야에 대한 드라마틱한 하나님의 역사를 예시(example)로 보여주시는 하나님의 계시이다.

4 _ 출애굽의 역사와 하나님의 계시

1) 모세의 출생과 배경

요셉이 애굽의 총리로 세상을 다스릴 때에 야곱의 가족 칠십 인이 애굽으로 내려와 고센 땅에서 살기 시작하였다. 요셉과 그 당시 사람들이 다 죽고 난 뒤 요셉을 알지 못하는 왕이 애굽을 다스리게 되었다. 사백여 년 동안 이스라엘은 생육하고 번성하여 매우 강하고 온 땅에 가득하였다(출 1:6-7). 이에 애굽 왕은 이들에 대한 위협을 느꼈다. 이들이 번성하고 강하니 "두렵건대 그들이 더 많아지면 전쟁이 일어났을 때에 우리 대적과 합하여 우리와 싸우고 이 땅에서 나갈까" 염려하여 이들을 노예로 학대하고 그들의 번성을 막으려고 심한 노동으로 그들을 고통스럽게 했다. 바로 왕을 위하여 국고성 비둠과 라암셋을 건축하는 일에 동원하여 흙 이기기와 벽돌 굽는 일과 농사의 여러 가지 일로 엄격하게 학대하였다(출 1:10-14). 그들에게 감독자를 세우고 학대를 하였는데 학대를 받을수록 번성하여 가는 이스라엘 자손 때문에 애굽은 근심하게 되었다. 이때에 애굽 왕은 히브리 여인들을 위하여 산파를 세우고 여인들이 아기를 낳을 때 남자 아이를 낳으면 그를 죽이고 딸을 낳으면 살리라는 명령을 하였다. 그러나 산파들이 하나님을 두려워하여 왕의 명령을 어기고 아기들을 살렸다. 왕 앞에 끌려간 산파들은 이렇게 바로에게 대답했다. "히브리 여인은 애굽 여인과 같지 아니하고 건장하여 산파가 그들에게 이르기 전에 해산을 하였더이다."(출 1:19) 하나님이 그 산파들에게 은혜를 베푸시어 그들에게 복을 주셨다. 사악한 바로 왕은 모든 백성에게 명을 내려 "아들이 태어나면 너희는 그를 나일강에 던지고 딸이거든 살리라" 하였다. 이때에 레위 사람 고핫 자손인 아므람이 그의 아내 요게벳을 통하여 아들을 낳았는데 그가 잘생긴 것을 보고 석 달을 숨겼으나 더 숨길 수 없어서 갈대 상자를 만들고 역청과 나무 진을 칠하고 아기를 담아 나일강 갈대 사이에 두게 되었다(출 2:1-3). 그 때에 바로의 딸이 목욕하러 나왔다가 갈대 사이에서 상자를 발견하고 가져다 열어보니, 그 상자에는 아기가 있었고 공주가 아기를 보자 아기가 울었다. 이에 불쌍한 마음이 든 공주가 "이는 히브리 사람의 아기로다" 하였고 이를 지켜보던 누이가 자기 어머니 모세의 생모를 소개하니 모세의 생모가 유모가 되어 아기에게 젖을 먹이며 키우게 되었다. 그 아기가 어머니의 품에서 젖을 먹고 자라매 바로의 딸에게로 데려가니 그가 그의 아들이 되었다(출 2:10~12).

"그의 이름을 모세라 하여 이르되 이는 내가 그를 물에서 건져내었음이라 하였더라"

모세는 건져낸 자로서 하나님의 암시적인 예정의 역사임을 우리는 보게 된다.

2) 모세의 생애와 소명

모세의 생애는 120년인데 3단계로 나누게 된다. 첫 번째 40년은 애굽의 왕실에서 애굽의 모든 학술을 배우게 된다. 그러나 그 속에는 히브리인의 피가 흐르고 있으니 항상 야망과 꿈 속에서 살았을 것이다. 그의 나이 사십이 되어 자신의 정체성과 히브리인의 신앙을 발견하고, 이에 혼돈 속에 있는 중에 애굽의 감독자가 자기 백성 히브리인에게 가하는 고통을 보고 의분의 살인을 하게 된다. 그리고 자기의 신분이 노출되자 왕가를 탈출하여 미디안 땅으로 가게 된다. 이것을 히브리서 기자는 "믿음으로 모세는 장성하여 바로의 공주의 아들이라

칭함 받기를 거절하고 도리어 하나님의 백성과 함께 고난 받기를 잠시 죄악의 낙을 누리는 것보다 더 좋아하고 그리스도를 위하여 받는 수모를 애굽의 모든 보화보다 더 큰 재물로 여겼으니 이는 상 주심을 바라봄이라 믿음으로 애굽을 떠나 왕의 노함을 무서워하지 아니하고 곧 보이지 아니하는 자를 보는 것 같이 하여 참았으며"(히 11:24-27) 라고 기록한다. 미디안으로 탈출한 모세는 미디안의 제사장인 이드로를 만나 함께 그의 양떼를 돌보며 생활하고 이드로의 딸인 십보라와 결혼하여 자녀를 두고 40년 동안 광야 생활을 하게 된다. 그리고 어느 날 시내 산 호렙이라는 곳에서 하나님의 부르심을 받게 된다. 그의 나이 팔십이었다. 호렙 산의 가시나무 떨기에 불이 붙었는데 타지는 아니하여 이상히 여기고 가까이 갈 때에 하나님의 부르심을 받게 된다.

> "하나님이 이르시되 이리로 가까이 오지 말라 네가 선 곳은 거룩한 땅이
> 니 네 발에서 신을 벗으라" (출 3:5)

나이 팔십이 되어 하나님의 부르심을 받은 모세의 새로운 생애가 시작된다. 하나님은 예정하신 하나님의 구원 계획을 위하여 모세를 바로 왕궁의 환경 속에서 애굽의 학문을 다 배우게 하시고, 미디안 광야에서 사십 년 동안 의분에 차 있던 모세가 아닌 다른 모세로 훈련시키시고 나이 팔십이 되어 이스라엘을 구원하는 지도자로 삼으신 것이다. 아브라함과 이삭과 야곱에게 약속하신 가나안 땅에 나라를 세우시기 위하여 애굽에서 430년 동안 많은 민족으로 번창하게 하시고 모

세를 통하여 하나님의 뜻을 이루시기 위하여 애굽의 바로에게 보내신 것이다(출 3:7-22).

3) 출애굽과 모세

하나님의 부르심 앞에 자신을 아는 모세

모세는 하나님 앞에서 부르심과 소명에 대하여 도저히 할 수 없다는 사실을 고하게 된다. 바로에게 갈 수도 없으며 이스라엘 백성들이 자기를 받아주지 않을 뿐만 아니라 자신의 능력으로는 도저히 불가능한 일이라며 자신의 부족을 하나님께 고하였다. 심지어 말도 제대로 할 줄 모르는 자라는 고백을 한다. 그러나 모세의 이런 고백은 하나님의 의도를 모른채 자기가 하는 줄 알았던 모세의 어리석음이었다. 모세의 부르심은 하나님의 임재였다. 모세를 통하여 아브라함과의 약속을 이행하기 위하여 하나님이 내려오셨다. 때가 되어 약속의 땅으로 인도하시기 위함이었다. 하나님은 모세에게 말씀하셨다.

> "여호와께서 이르시되 내가 애굽에 있는 내 백성의 고통을 분명히 보고 그들이 그들의 감독자로 말미암아 부르짖음을 듣고 그 근심을 알고 내가 내려가서 그들을 애굽인의 손에서 건져내고 그들을 그 땅에서 인도하여 아름답고 광대한 땅, 젖과 꿀이 흐르는 땅 곧 가나안 족속, 헷 족속, 아모리 족속, 브리스 족속, 히위 족속, 여부스 족속의 지방에 데려가려 하노라" (출 3:7-8)

이것은 하나님께서 내려오셔서 모세와 함께 하시겠다는 말씀이요 이 일이 네 일이 아니요 내 일이라는 말씀이다. 모세를 통한 출애굽 사건은 인간의 일이 아니고 전적인 하나님의 계획이요 하나님이 하신 일이다. 하나님은 모세를 통하여 열가지 재앙을 내리사 완악한 바로의 마음이 두려워 떨게 하시고 그가 이스라엘 백성들을 보낼 것을 작정하신 것이다. 이러한 재앙을 통하여 하나님은 당시 애굽 사람들이 신앙하던 모든 신들이 거짓이요 참 신이 아닌 것과 하나님이 어떤 분이신가를 보여주시고, 하나님을 거스리는 것이 얼마나 불행을 자초하는 일인지 인간들에게 알게 하셨다. 열 번째 재앙으로 애굽의 온 장자들이 죽임을 당하고, 이스라엘 백성은 양을 잡아서 불로 구워먹으며 그 피를 문 인방과 설주에 발랐다. 그리고 떠날 준비를 하고 허리를 동이고 신을 신고 무교병을 먹으며 또 여행을 위한 무교병도 준비하였다. 밤이 지나고 아침이 되니 애굽의 전역에는 통곡의 소리가 있었고 이스라엘은 준비된 많은 재물을 가지고 고센 땅을 떠나 광야로 진군하였다.

여기에서 하나님은 인간의 힘이나 세상의 이적과 역사로 구원이 이루지는 것이 아님을 보여주셨다. 출애굽의 사건은 양을 잡아서 불에 구워먹으며 그 피를 문 인방과 설주에 바르니 죽음의 사자가 그 피를 보고 넘어가게 되어 한 사람도 죽지 아니하고 평안하게 구원을 받았다. 이스라엘 민족들은 지금까지 이 사실을 기념하기 위하여 유월절을 지킨다. 이들은 양을 잡아서 구워먹으며 피를 뿌리고 한 주간 동안 무교병을 먹으며 행사를 하게 된다. 하나님은 여기에서 인간 구원의 역사의 기본을 예시로 보여주신다. 피는 생명이다. 인간의 구원은 생명이어야 하는데 피가 곧 생명이기 때문이다. 어린 양을 잡아 피를 뿌림으로 속죄와 속량으로 구원에 이르는 길이 됨을 예시하고 이것이 갈보리 언덕, 마지막 때 그리스도의 십자가로 완성될 것을 보여주셨다. 신약 성경에서 예수 그리스도의 십자가로 인간이 인간의 불행의 원인이 되는 죄의 속박에서 해방되었음을 보여주셨다.

> "그러므로 이제 그리스도 예수 안에 있는 자에게는 결코 정죄함이 없나
> 니 이는 그리스도 예수 안에 있는 생명의 성령의 법이 죄와 사망의 법에
> 서 너를 해방하였음이라" (롬 8:1-2)

애굽 땅에 거한 지 430년 만에 이스라엘 백성이 출애굽을 하게 된다. 이때에 요셉의 유언대로 그의 유골을 가지고 숙곳을 떠나 광야 끝에 이르렀을 때 하나님께서 그들과 함께 하는 증거로 낮에는 구름기둥, 밤에는 불기둥으로 그들을 떠나지 아니하고 밤낮으로 인도하셨다. 이때에 바로가 생각을 바꾸어 이스라엘을 추격하여 오고 있었다. 병거를 갖추고 선발된 병거 육백 대와 애굽의 모든 병거와 마병과 군대들이 가까이 쫓아온다. 앞에는 홍해가 흐르고 있고 뒤에는 추격해 오는 바로의 군대로 인하여 이스라엘이 두려움을 느끼고 불안해 할 때에 하나님은 모세를 통하여 백성들 앞에서 홍해를 가르게 하셨다. 이스라엘 백성들이 무사히 건너고 뒤에는 바로의 병거와 마병들이 따르고 있었다. 이때에 애굽의 진에 구름과 흑암이 있게 하고 모세가 손

을 내미니 물 속에 들어온 바로의 군대가 흐르는 물에 흘러가버리고 말았다. 이것을 눈으로 목도한 이스라엘 백성들은 출애굽기 15장에서 구원의 기쁨을 노래한다. 이들은 승리의 노래와 구원의 기쁨을 노래하며 광야의 길로 들어갔다. 이 사건을 신약 고린도전서 10장에서는 구원받은 백성들의 "세례"라고 말씀하였다. 이런 의미에서 신약 시대의 세례의 의미를 살펴봐야 할 것이다. 신앙은 출애굽 사건으로 시작된다. 그리고 광야라는 생활로 들어가는 것이다.

5 _ 광야 생활에 숨겨진 계시

1) 만나와 생수

홍해를 건너온 이스라엘 백성들은 마라와 엘림을 통하여 본격적인 광야 생활에 들어간다. 광야 생활은 약속의 땅 가나안을 향하여 가는 여정이었다. 그런데 풀 한 포기 자랄 수 없는 광야에서 그들이 가지고 온 무교병과 각종 음식이 떨어지니 백성들이 언성을 높여 모세와 아론을 원망하고 출애굽을 후회하며 하나님을 원망하기까지 하였다. 그러나 하나님은 이 백성들의 원망보다 사랑하시는 뜻에 따라 예비된 만나를 내려서 그들의 광야 생활에 합당하도록 먹여주셨다. 그런데도 백성들은 만나로만 만족하지 못하고 원망하는 소리를 했고 이를 들으신 하나님은 저녁에 메추라기를 내려서 먹게 하여 주셨다.

이스라엘이 광야 사십 년 동안 가나안 접경에 이르기까지 만나를 먹여주셨다. 만나를 먹어 양식이 되니 물이 문제가 되었다. 하나님은 모세에게 명하사 반석을 치게 하시고 반석에서 물이 나게 하시므로 백성들이 물을 마시게 되었다. 그렇다. 사람이 사는 것은 먹고 마시는 것이요 이것은 사람의 힘으로 되는 것이 아니다. 인간은 하나님에 의하여 먹고 마시며 생존하는 것이다. 그래서 모세를 통하여 신명기 8장 3절에서 광야에서 만나를 먹이신 것은 "사람이 사는 것은 떡으로만 사는 것이 아니요 여호와의 입에서 나오는 모든 말씀으로 사는 줄을 알게 하려 하심"이라고 하셨다. 광야 생활은 이스라엘 백성이 가나안 땅, 약속의 땅에 들어가는 여정이다. 그렇다. 이스라엘의 광야 생활은 인간이 예수를 믿고 구원받은 성도가 이 세상에서 약속의 영원한 하늘 나라, 천국에 가는 여정을 보여준다. 그러면 세상은 광야가 되는 것이다. 또는 영적으로 교회 생활(에클레시아)이라고도 한다. 이 광야 생활을 하기 위하여는 이스라엘 백성이 먹었던 양식과 생수가 있어야 한다. 그래서 예수님은 요한복은 6장에서 자신이 "하늘에서 내려온 산 떡"이라고 하셨다.

> "내가 곧 생명의 떡이니라 너희 조상들은 광야에서 만나를 먹었어도 죽었거니와 이는 하늘에서 내려오는 산 떡이니 사람으로 하여금 먹고 죽지 아니하게 하는 것이니라 나는 하늘에서 내려온 살아 있는 떡이니 사람이 이 떡을 먹으면 영생하리라 내가 줄 떡은 곧 세상의 생명을 위한 내 살이니라 하시니라" (요 6:48-51)

예수님은 말씀이 육신이 되어 오신 분이요(요 1:14) 마지막 날에 말씀으로 오신 분(히 1:2)이시다. 그렇다. 구원받은 성도가 약속의 땅, 천국에 가는 길에는 말씀이 양식이 되어야 한다. 여기에서 우리는 숨겨졌던 영의 양식이 무엇인지를 보아야 한다.

반석을 쳐서 생수를 흐르게 하셨는데, 고린도전서 10장 3절 4절에서 이 반석은 "신령한 반석" 곧 "그리스도"라 하였다. 그렇다. 음식과 생수는 생존을 위하여 하나 같이 꼭 필요한 것이다. 예수님은 요한복음에서 "나를 믿는 자는 성경에 이름과 같이 그 배에서 생수의 강이 흘러나오리라" 하셨다. 이는 그를 믿는 자들이 받을 성령을 가리켜 말씀하신 것이었다(요 7:38-39). 광야 생활에서 생수는 생존의 필수였다. 여기에서 하나님이 계시하여 주시는 말씀을 보라! 이스라엘 백성들이 약속의 가나안 땅에 들어가게 하시기 위하여 하나님께서 만나와 생수를 가나안 경지에 들어가기까지 내려주신 것처럼, 우리가 약속의 천국에 이르기까지 하나님의 말씀을 양식으로, 성령을 생수로 강같이 부어주시므로 항상 생기가 넘치게 하실 것을 예시하여 주셨다.

2) 아말렉과의 전쟁

이스라엘 백성들이 광야 생활에 익숙치 못하고 지쳐있고 불만에 가득 차있을 때 아말렉이라는 이방 세력이 공격해 오게 된다. 출애굽기 17장 8절에서 싸움은 시작되었고 아말렉은 광야 생활에 항상 대적으로 괴로움을 주는 세력이었다. 첫 번째 전쟁에서 여호수아를 중심으로 군인들이 나가 싸우고 모세는 아론과 훌을 데리고 산꼭대기에 올라가서 모세가 손을 들면 싸움에 이기고 손이 내려오면 전쟁에 패하게 되었다. 모세의 손이 올라가면 이기고 내려오면 패배하는 상황에서 아론과 훌은 양쪽에서 해가 지도록 모세의 손을 붙들어 올리니 여호수아가 아말렉과 그 군대를 쳐서 무찔렀다. 이 일이 너무 신기한 이적이라 책에 기록하고 모세가 단을 쌓고 그곳 이름을 '여호와 닛시'라 하고 "여호와가 아말렉과 대대로 싸우리라" 하였다(출 7:8-16). 이스라엘이 광야를 지나는 동안 수많은 방해와 전쟁의 위협과 질병의 위협을 당하게 되었다. 이럴 때마다 그들은 아말렉과의 전쟁에서 모세가 손을 든 것을 기억하였다. 모세의 기도가 모든 위험에서 이스라엘을 건져준 것이다. 우리가 세상에서 구원받고 세상을 탈출하여 광야의 순례자로 천국을 목적 삼고 살아갈 때 수없는 아말렉을 만나게 된다. 예수님도 제자들에게 "시험에 들지 않게 기도하라! 기도 외에는 이런 능력이 나갈 수 없느니라" 하셨다. 신앙의 시험과 유혹의 전쟁에서 보이지 않는 마귀의 공중 세력과 끊임없이 싸워야 한다.

그래서 에베소서 6장 11절에서 "마귀의 간계를 능히 대적하기 위하여 하나님의 전신 갑주를 입으라"고 하셨다.

우리의 씨름은 혈과 육을 상대하는 것이 아니요 통치자들과 권세들과 이 어둠의 세상 주관자들과 하늘에 있는 악의 영들을 상대함이라 그러므로 하나님의 전신 갑주를 취하라 이는 악한 날에 너희가 능히 대적하고 모든 일을 행한 후에 서기 위함이라" (엡 6:12-13)

이스라엘 민족이 감당할 수 없는 대적 아말렉을 무찌른 것은 백성들의 힘이 아니요 하나님이 친히 싸워주셨기 때문이다. 손을 들면 이기고 손이 내려오면 패배하는 이 전쟁에서 하나님께 손을 들고 전적으로 의지하고 기도하면 언제나 우리의 대적과 싸워주시는 하나님을 보여 주셨다. 이와 같이 성경은 그때나 지금이나 동일하신 하나님을 계시하여 주신다. 이스라엘의 사사 시대나 왕정 시대에도 늘 이런 역사를 보게 하셨다. 그래서 전쟁은 여호와께 속한 것이라 하였다(삼상 7:47).

3) 언약과 하나님의 의도

하나님은 선민인 이스라엘 백성들이 세상에서 가장 도덕적이고 정의롭고 선한 민족으로서 가나안 땅에 거룩한 나라를 세우기를 원하셨다. 세상 모든 나라의 본이 되는 나라, 하나님을 세상에 보여주는 나라가 되기를 바라셨다. 이스라엘 백성들이 출애굽 삼 개월이 되었을 때 시내 광야에 장막을 치게 하시고 하나님께서 모세를 산으로 부르셨다. 그곳에서 이스라엘 백성들이 하나님의 백성으로서 이 세상에서 살아가게 하기 위하여 율법이라는 언약의 말씀을 주셨다. 이것을 '십계명 율법'이라 하나 말씀으로 맺은 언약이라 이것을 '언약'이라고도 한다. 이 언약을 '계명'이라 하여 백성들이 반드시 지킴으로써 세상에서 하나님의 제사장 나라가 되고 거룩한 백성이 되리라(출 19:6)고 약속하셨다. 그러므로 이 말씀은 이 백성이 복을 받게 하기 위한 언약이었다. 하나님은 이 약속을 분명하게 하기 위하여 백성들 앞에서 모세를 통하여 피로서 언약을 세웠다.

"모세가 여호와의 모든 말씀을 기록하고 이른 아침에 일어나 산 아래에
제단을 쌓고 이스라엘 열두 지파대로 열두 기둥을 세우고 이스라엘 자
손의 청년들을 보내어 여호와께 소로 번제와 화목제를 드리게 하고 모
세가 피를 가지고 반은 여러 양푼에 담고 반은 제단에 뿌리고 언약서를
가져다가 백성에게 낭독하여 듣게 하니 그들이 이르되 여호와의 모든
말씀을 우리가 준행하리이다 모세가 그 피를 가지고 백성에게 뿌리며
이르되 이는 여호와께서 이 모든 말씀에 대하여 너희와 세우신 언약의
피니라" (출 24:4-8)

이것은 하나님과 맺은 언약의 피였다. 약속이고 폐할 수 없는 것이
기에 피로서 맺은 것이다. 그러므로 반드시 이 말씀대로 살아야 하고
또 말씀대로 살면 약속된 복이 이루어지는 것이다. 이것이 첫 언약의
피이다. 유월절 어린양의 피로 이스라엘이 죽음을 넘어 안전하게 구
원을 받고 약속의 땅 가나안에 들어가 하나님의 거룩한 백성이 되도
록 하시기 위해 하나님은 광야에서 이스라엘에게 계명을 주시고 피로
서 언약을 세우셨다. 그러나 이스라엘 백성은 이 언약에 실패하게 된
다. 역사를 내려 오면서 수없는 실패를 거듭하는 중에도 하나님은 이
스라엘 민족을 지켜주셨다. 그러나 언약은 깨어졌다. 하나님과의 관
계는 언약의 관계인데, 이 언약이 백성들의 불순종으로 깨어졌다. 이
언약에는 순종의 복이 있고 불순종의 저주가 들어있어 율법을 범한

이 백성들에게는 약속대로 저주가 주어지고 멸망당할 수밖에 없다. 때문에 하나님은 새 언약을 계획하시는데, 그것이 예레미야 31장 31절부터 33절까지의 하나님의 계획이다. 이 언약이 신약 시대에 성취되는데 바로 '은혜의 언약', '믿음의 언약'이다. 옛 언약은 '행위 언약'이요 순종과 복종의 언약이었다면 신약은 '믿음의 언약'이요 '은혜의 언약'이다. 인간은 누구나 행위나 율법의 준수로 온전해질 수 없는 것을 하나님은 보여주셨다. 하나님과 인간의 관계는 종교적인 어떤 행위나 제사로 온전하게 되는 것이 아니다. 광야에서의 언약은 하나님의 거룩성과 인간의 연약함을 보여주심이다. 언약으로 하나님의 백성의 기준을 삼았으나 하나님이 기대하는 거룩한 백성이 될 수 없었다. 하나님의 의도에 사람이 이를 수 없다는 것을 보여주셨다. 그래서 신약의 예수 그리스도의 새로운 중보와 언약이 필요함을 예시하여 주는 것이다. 그래서 인간은 인간 스스로 연약함을 발견하게 되는 것이다. 예수 그리스도는 이 언약의 중보자로, 대제사장으로 새롭고 온전한 언약을 이루셨다.

"저 첫 언약이 무흠하였더라면 둘째 것을 요구할 일이 없었으려니와 그들의 잘못을 지적하여 말씀하시되 주께서 이르시되 볼지어다 날이 이르리니 내가 이스라엘 집과 유다 집과 더불어 새 언약을 맺으리라 또 주께서 이르시기를 이 언약은 내가 그들의 열조의 손을 잡고 애굽 땅에서 인도하여 내던 날에 그들과 맺은 언약과 같지 아니하도다 그들은 내 언약 안에 머물러 있지 아니하므로 내가 그들을 돌보지 아니하였노라 또 주께서 이르시되 그 날 후에 내가 이스라엘 집과 맺을 언약은 이것이니 내 법을 그들의 생각에 두고 그들의 마음에 이것을 기록하리라 나는 그들에게 하나님이 되고 그들은 내게 백성이 되리라" (히 8:7-10)

"내가 그들의 불의를 긍휼히 여기고 그들의 죄를 다시 기억하지 아니하리라"(히 8:12) 하시므로 인간의 속죄를 위한 새로운 하나님의 계획으로 언약을 세우셨는데, 그것이 갈보리 언덕 위에서 흘리신 피로써의 새 언약이요 완전한 속죄를 위한 하나님의 계시였다. 그래서 히브리서 10장 14절에 "그가 거룩하게 된 자들을 한 번의 제사로 영원히 온전하게 하셨느니라" 하시고, 히브리서 10장 17-18절에서 "또 그들의 죄와 불법을 내가 다시 기억하지 아니하리라 하셨으니 이것들을 사하셨은즉 다시 죄를 위하여 제사 드릴 것이 없느니라" 하시므로 광야 언약의 불완전한 언약이 예수 그리스도로 말미암아 세우시는 새 언약의 완전하심으로 성취되었음을 계시하여 주시는 것이다.

4) 성막과 이스라엘 백성

하나님은 모세를 시내 산에서 부르시고 성막을 만들라고 말씀하셨다. 성막의 모든 구조는 하나님의 지시를 따라 성막 뜰과 성소와 지성소로 구분하여 만들게 하고 성소에서 하나님께 백성들이 제사하므로 그들의 죄를 사해주시고 화목제와 감사제로 하나님과의 관계를 유지하도록 하셨다. 그래서 성막 위에는 항상 낮에는 구름 기둥으로 밤에는 불기둥이 있으므로 하나님께서 이스라엘 중에 항상 계심을 보여 주셨다. 이스라엘은 이 성막을 중심으로 살아가야 했다. 그리하여 하나님께 드리는 제사를 위해 제사장 제도가 만들어지고 제사 제도가 만들어지고 예법도 만들어지게 되었다. 이것을 다 설명하려는 것이 아니라 왜 성막 제도가 필요했고 성막이 우리에게 무엇을 예시하여 주는가를 살펴보아야 한다. 성막의 내부 구조 그리고 제사 제도와 제사장과 레위인들 그리고 지성소와 성소에 대한 하나님의 뜻을 발견하는 것이 중요하다. 이에 대한 설명은 히브리서 9장 1절부터 8절까지 자세하게 설명되어 있다.

> "이 장막은 현재까지의 비유니 이에 따라 드리는 예물과 제사는 섬기는 자를 그 양심상 온전하게 할 수 없나니 이런 것은 먹고 마시는 것과 여러 가지 씻는 것과 함께 육체의 예법일 뿐이며 개혁할 때까지 맡겨 둔 것이니라" (히 9:9-10)

하나님은 범죄로 인하여 끊어진 이스라엘 백성과 하나님의 관계를 회복하시고 화목하게 하고자 하셨다. 그러나 이것은 "현재까지의 비유"라 하셨다. 그러므로 이들이 드리는 제사와 예물은 백성들의 죄를 속죄할 수 없는 그림자와 같은 것으로 앞으로 나타날 온전한 성전과 성령의 예표일 뿐이었다. 이 계시는 그리스도의 성육신을 통하여 완성하실 그림자였다. 예수님은 이스라엘 백성의 신앙의 중심이 되고 하나님의 임재라고 믿는 예루살렘 성전을 "헐어버리라"고 하셨다.

"… 너희가 이 성전을 헐라 내가 사흘 동안에 일으키리라"(요 2:19)

이스라엘 백성들의 성전은 광야 시대 장막 성전의 발달이요 신앙의 최고의 표상(表象)이었다. 그리고 이 모든 것은 광야 시대로부터 하나님의 임재를 상징하며 보여주는 것이었다. 그러나 이것은 온전한 하나님이 친히 임재하실 성전의 그림자였다. 이것을 사실로 우리에게 나타내시기 위하여 예수님이 성육신으로 오신 것이다. 언약을 주시고 언약 안에 살지 못하는 이스라엘을 살리시기 위하여 하나님의 본체이신 예수님이 육신을 입고 오셔서 십자가에서 제물이 되시고 단번에 죄값을 치르시고 속죄를 이루사 믿는 자들에게 의를 선포하신 것이다. 그래서 히브리서 9장에 "그리스도께서는 장래 좋은 일의 대제사장으로 오사 손으로 짓지 아니한 것 곧 이 창조에 속하지 아니한 더 크고 온전한 장막으로 말미암아 염소와 송아지의 피로 하지 아니하고 오직 자기의 피로 영원한 속죄를 이루사 단번에 성소에 들어가셨느니라"(히 9:11-12) 하신 것이다. 이제는 제사장이 해마다 짐승의 피로 속죄의 제사를 드릴 필요도 없고 성소의 휘장이 갈라지고 영원히 성소에 들어가게 하심으로 보이는 모양의 성전이 아닌 참으로 거룩한 성전을 이루셨다. 육체를 깨뜨리시고 삼일 만에 다시 새로운 성전을 십자가의 흘리신 피로 정결케 하시고 우리 몸을 성전 삼으사 영으로 함께 하시기를 원하시는 하나님의 계시를 보여주시는 것이다.

"그리스도께서 우리를 위하여 저주를 받은 바 되사 율법의 저주에서 우

리를 속량하셨으니 기록된 바 나무에 달린 자마다 저주 아래에 있는 자라 하였음이라" (갈 3:13)

이 비밀이 여기에 숨겨 있으니, "이는 그리스도 예수 안에서 아브라함의 복이 이방인에게 미치게 하고 또 우리로 하여금 믿음으로 말미암아 성령의 약속을 받게 하려 함"이었다(갈 3:14). 그래서 바울 사도는 "너희는 너희가 하나님의 성전인 것과 하나님의 성령이 너희 안에 계시는 것을 알지 못하느냐 누구든지 하나님의 성전을 더럽히면 하나님이 그 사람을 멸하시리라 하나님의 성전은 거룩하니 너희도 그러하니라"(고전 3:16-17) 한 것이다. 그렇다! 보이는 성전에 계시는 것이 아니요 십자가의 제단에서 흘리신 피로 속죄받은 성도들에게 성령으로 함께 계신다. 여기서 갈라디아서 3장 14절에서 '그리스도의 십자가 비밀'을 말하고 있다.

"이는 그리스도 예수 안에서 아브라함의 복이 이방인에게 미치게 하고 또 우리로 하여금 믿음으로 말미암아 성령의 약속을 받게 하려 함이라" (갈 3:14)

십자가의 속량 사건은 이스라엘만을 위함이 아니요 이방인들에게도 아브라함의 복이 임하고 약속의 성령을 주시기 위함이다. 유대인과 같이 이방인에게도 아브라함의 자손 즉 선민에게 주시는 은혜가 동일하게 임하여 성령을 부어주신다. 광야의 불완전한 성막은 모형이요 그림자로써 예수 그리스도가 오셔서 영원한 대제사장으로 영원한 속죄를 이루실 것과 성령의 임재로 영원히 임마누엘 하실 것을 예표로 보여주신 하나님의 예정의 비밀이었다.

6 _ 광야에서의 삼대 절기

유대인들은 광야에서 하나님의 지시를 따라 삼대 절기를 지키었다 (출 23:14-19; 출 34:18-26; 신 16:1-17). 이것은 명령이었다.

"너는 매년 세 번 내게 절기를 지킬지니라" (출 23:14)

절기란 기념할만한 날을 잊지 않고 그 의미를 새롭게 되새기고 기억하는 날들이라 할 수 있다. 그래서 유대인들에게도 출애굽과 광야 사십 년 생활을 잊지 않고 기억하며 지켜야 할 일들을 잊지 않게 하기 위하여 절기를 지키라고 명령하셨다. 그래서 지금까지 유대인들은 이 절기를 지키는 것이다.

1) 유월절 (Passover, 무교절)

이스라엘 백성들이 출애굽 당시 열 번째 재앙으로 애굽의 모든 장자들이 죽어갈 때 이스라엘 백성들은 하나님이 명하신 대로 양을 잡아서 그 피를 문 인방과 설주에 바르고 고기를 구워 먹음으로 죽음의 사자가 그 피를 보고 넘어가고, 피가 없는 애굽의 모든 집에서는 장자들이 죽어나갔다. 그래서 유월절 재앙이 그 이름대로 넘어갔다. 이때에 유대 백성들은 여행을 위하여 안전하게 고기를 구워 먹고 무교병을 먹으며 준비하였다. 이 재앙사건으로 인하여 이스라엘 백성들이 무사히 430년 만에 애굽의 노예생활에서 나오게 되었다. 이 사실을 기념하기 위하여 이스라엘 백성들은 광야에서뿐 아니라 가나안 정복 후에도 역사를 내려오면서 유월절(무교절)을 대대로 지키는 것이다. 이들은 유월절을 이스라엘의 새로운 시작으로 생각하고 유대력으로 니산월 1월 14일 저녁부터 7일 동안 지키는데, 흠 없는 숫양을 잡고 피를 바르고 양고기를 구워 먹으며 당시 여행을 준비하였던 것처럼 허리를 매고 무교병을 먹으며 아침까지 밖에 나가지 않고 무교병과 쓴 나물을 먹는다. 그래서 '무교절'이라고도 한다. 유월절 규례에 대한 말씀은 출애굽기 12장 21-30절에 기록되어 있다.

유월절의 영적 의미는 죄에서 해방되고 자유하는 구원의 역사는 세상의 어떤 것으로도 될 수 없고 오직 하나님의 예정하신 뜻에 따라 성육신하신 그리스도께서 갈보리 언덕 위 십자가에서 흘리신 속죄의 피로 가능함을 보여준다. 유월절은 죄와 죄의 저주로부터의 구속 곧 속량하여 자유를 주시는 구원의 역사를 예시로 보여주신 하나님의 숨겨진 계시였다. 그래서 세례 요한은 예수님을 보자 이렇게 외쳤다.

"보라 세상 죄를 지고 가는 하나님의 어린양이로다" (요 1:29)

"보라 하나님의 어린양이로다" (요 1:36)

유월절을 주시고 지키게 하시는 하나님은 보여주신 대로 예수 그리스도로 말미암아 인간 구원의 완성을 이루셨다. 그리스도의 십자가로 우리의 죄를 속량하시고 의롭다 하시고 성령을 주시어 자녀 삼으시고 천국을 유업으로 주셨다(갈 3:13-14; 롬 8:1-2). 신약 교회는 예수 그리스도의 십자가의 속죄의 구원을 성만찬으로 기념하고 있다. 이것을 주님이 "기념하라"고 말씀하셨다(고전 11:24-25). 또 이것은 새로운 시작을 의미한다. 그리고 마지막에 있을 공중 혼인잔치에 대한 예표이기도 하다(눅 22:16-18; 계 19:9). 이레 동안 무교병과 쓴 나물을 먹는 것은 구원 받은 우리가 이것들을 바라보고 살아가는 자들이기에 세상 쾌락이나 부귀영화에 빠지지 말고 믿음으로 하나님의 선하시고 온전하신 뜻을 분별하며 경건하게 살아가야 한다는 영적 교훈을 주고 있다.

2) 오순절 (칠칠절)

오순절은 이스라엘 백성들이 광야에서 사십 년 동안 만나를 먹고 살다가 가나안 땅에서 농사하여 열매를 거두고 첫 열매를 하나님께 봉헌하며 풍성한 곡식을 거두게 하신 은혜에 대하여 감사드리는 절기이다. 이 날은 유월절을 지나 일곱 이레가 지난 후 오십일 째 되는 날로 '오순절' 혹은 '칠칠절'이라고도 한다. 뿐만 아니라 광야를 지나오면서 율법을 주시고 그 말씀대로 복을 주시려 하였던 하나님의 은혜에 감사를 드리는 절기로서, 신명기 16장 10절부터 12절 말씀대로 "네 하나님 여호와 앞에 칠칠절을 지키되 네 하나님 여호와께서 네게 복을 주신 대로 네 힘을 헤아려 자원하는 예물을 드리고 너와 네 자녀와 노비와 네 성중에 있는 레위인과 및 너희 중에 있는 객과 고아와 과부가 함께 네 하나님 여호와께서 자기의 이름을 두시려고 택하신 곳에서 네 하나님 여호와 앞에서 즐거워할지니라 너는 애굽에서 종 되었던 것을 기억하고 이 규례를 지켜 행할지니라" 하신 절기이다.

그래서 이들은 대대로 내려오면서 오순절(칠칠절)을 이웃과 레위인들과 가난한 이웃들을 초청하여 온 가족들과 함께 즐겼다.

오순절의 영적인 의미

오순절은 가나안 땅에서 풍성한 열매로 살게 하시고 광야에서 언약의 말씀을 주신 것에 대하여 감사하며 풍성함을 나누는 절기이다. 그런데 신약에 와서 이 의미를 분명하게 보여주셨다. 부활하신 예수 그리스도께서 새 생명을 선포하시며 이 생명을 풍성하게 하고 아름다운 열매를 맺게 하시기 위하여 성령을 약속하여 주셨다. 그리스도께서 약속하신 성령을 기다리는 제자들에게 오순절 날 성령이 온 성도들에게 임하므로 교회가 되고 새롭게 주신 부활 생명이 힘을 얻고 역사를 만들며 열매를 거두게 된 것이다. 그래서 신약 시대에 와서는 성령 강림절로 지키며 성령을 사모하는 마음으로 행사를 하게 된다(행 2장, 4장).

3) 수장절(초막절)

수장절은 '장막절' 혹은 '초막절'이라고도 한다. 이 절기는 이스라엘 백성들이 광야에서 장막(초막)을 치고 생활한 것을 잊지 아니하기 위하여, 또 장막에 살면서 광야에서 하나님의 은혜로 가나안 땅에 이른 것을 기념하는 절기이다. 그리고 일 년 동안 농사하여 풍성하게 거두어 들인 것에 감사하면서 장막 안에서 칠 일 동안 거하면서 즐거워하는 축제이기도 하다. 시기는 유대력으로는 7월 15일부터 일주일간이다. 태양력으로는 10월 초 정도가 될 것이다(출 23:16; 신 16:16-17). 이 때에는 흩어졌던 가족들이 모이고, 이웃들과 과부와 가난한 자들을 모으고 함께 수확의 기쁨을 나누었다.

장막절의 영적 의미

광야 40년의 장막 생활에서 하나님께서 인간들에게 계시한 내용은 완성된 구원의 생활 그리고 그리스도의 재림과 함께 이루어질 영원한 안식의 세계에 대한 예시였다. 그렇다. 우리는 나그네로 살아가는 존재이다. 이 세상은 장막과 같고 이것은 끝이 있고 우리 손으로가 아닌 영원한 처소가 있음을 보여주신 것이기에 이 절기를 꼭 지키도록 하였다. 예수님도 "내 아버지 집에 거할 곳이 많도다 … 내가 너희를 위하여 거처를 예비하러 가노니 가서 너희를 위하여 거처를 예비하면 내가 다시 와서 너희를 내게로 영접하여 나 있는 곳에 너희도 있게 하리라"(요 14:2-3).

성경신학은 성경에서 하나님의 계시를 보는 것이다. 그러므로 성경신학적으로 성경을 해석하게 될 때 구속사의 말씀이 되고 성경은 반드시 그렇게 주해되어져야 한다.

제 8 장_ 기독교의 계시(Revelation)의 복음

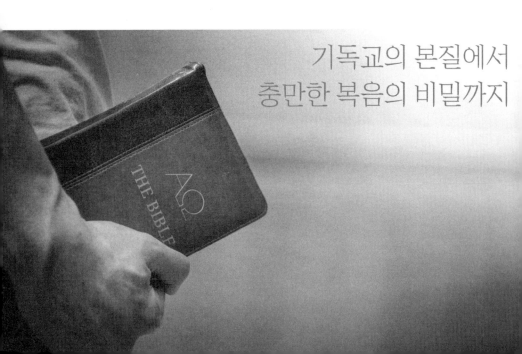

기독교의 본질에서
충만한 복음의 비밀까지

8장

기독교의 계시(Revelation)의 복음

1 _ 성경의 계시

기독교의 성경은 하나님의 말씀으로 경전이다. 사도들과 선지자들이 하나님의 영의 감동을 받아 기록한 말씀이기 때문에 저자는 하나님이시다(벧후 1:20-21). 성경을 주신 목적은 하나님이 자기를 계시하시기 위함이다. 그래서 성경을 계시의 책이라 한다. 성경은 하나님의 자기 계시이다. 창세기에서부터 하나님의 창조역사를 통하여 하나님 자신을 계시하시고, 출애굽기 3장 14절에서 "나는 스스로 있는 자라" 하여 하나님이 어떤 분이신가를 계시하셨으며, 인간의 타락과 그에 따른 심판 속에서도 인간의 구원 역사를 보여주시며 영원한 하나님의 의도를 성경을 통하여 계시하여 주셨다. 그래서 우리는 성경을 통하여 하나님을 알고 이 세상을 알고 인간을 알고 영원을 알고 진리를 알게 된 것이다. 그래서 우리가 이 세상에서 인간답게 살고 영원히 천국에서 하나님과 함께 영생하는 길을 알게 하는 성경은 하나님의 계시의 복음이다. 그래서 성경을 '복음서' 라고 한다.

2 _ 기독교와 복음 (gospel, good news)

복음은 기독교의 내용이다. 원래 기독교(크리스트교)라는 이름이 없었다. 예수께서 부활하신 후 첫 날 제자들과 그를 따르던 자들이 모이기 시작했고, 오순절 성령 강림하신 후부터 적극적으로 모이기 시작하여 무리가 되었다. 그런데 사도들에 의하여 예수 그리스도의 생애에 대한 글을 써서 돌려가며 읽는 중 이것이 복음이라는 것을 알게 되었다. 너무도 좋은 소식, 기쁜 소식이었다. 마태가 전해준 복음(좋은 소식), 마가가 보내준 좋은 소식(good news) 그래서 복음(福音)이라고 부르다가 무리들이 모이면서 크리스트인(christian), 크리스트교(christanity)라는 이름으로 자연스럽게 불려지게 되었다(『기독교란 무엇인가』, 한경직 목사). 그렇다. 기독교는 바로 '복음' 이다. 이 세상 어느 것과도 비교할 수 없는 가장 기쁜 소식이요 좋은 소식이 기독교이다. 기독교는 복음 자체이며 복음은 곧 기독교이다. 그러면 이 복음이 무엇이냐? 바로 하나님이 우리를, 나를 사랑하신다는 것이다. 우주 만물을 창조하시고 당신의 뜻대로 섭리하시며 모든 생명의 근원이 되시는 만주의 주가 되시는 하나님이 우리를 사랑하신다는 것이다. 그 사랑의 이야기가 복음서이다. 그런데 이 사랑은 세상에서 말하는 조건적인 이유가 있는 사랑이 아니다. 무조건적인 무한의 사랑이다. 조건이나 상대적인 것이 아닌 거룩하고 구별된 특별한 사랑이다. 이것을 무조건적인 사랑, 무한의 사랑, 나와 상관없는 주권적 사랑이라 한다. 이런 사랑을 세상에서는 표현할 말이 없다. 그래서 칠십인역(LXX)이라 하는 성경 번역을 하면서 (BC 3세기경 이집트 북부 지역의 알렉산드리아에서 구약 성경을 학자들이 모여 번역함) 학자들이 하나님의 이 고귀한 사랑, 세상 언어로는 표현할 수 없는 무한의 거룩한 사랑을 표현하기 위해 단어를 만들었는데 그것이 '아가페'인 것이다. 그렇다. 세상 언어로는 표현할 수 없는 놀라운 하나님의 사랑 '아가페'가 바로 복음이다. 이 아가페가 우리에게, 나에게 온 것이다! 참으로 놀라운 소식이다.

3 _ 보이는 사랑 (아가페)

예수 그리스도는 아가페이다. 하나님의 무조건적 무한의 사랑이다. 예수는 하나님의 사랑을 실제로 보여주신 분이다. 그가 성육신하신 것은 말로 표현할 수 없는 사랑이다. 예수 그리스도는 누구신가? 태초부터 계신 하나님이시다. 천지 만물이 그로 말미암아 지음 바 되었다. 그가 없이는 된 것이 없다(요 1:1-3). 그는 하나님의 본체이시고(빌 2:6) 보이지 않는 하나님의 형상이요 모든 창조의 근본이시니 만물이 그를 위하여 지음 받은 바 된 하나님이시다(골 1:15-16). 하나님 아버지의 모든 충만이 거하시는 분(골 1:19)께서 육신을 입고 오신 것은 오직 우리를 사랑하사 우리를 죄의 저주에서 구원하시는 사랑이다. 이 사랑을 에베소서에서는 "긍휼이 풍성한 사랑"이라 했다.

> " … 본질상 진노의 자녀이었더니 긍휼이 풍성하신 하나님이 우리를 사랑하신 그 큰 사랑을 인하여 허물로 죽은 우리를 그리스도와 함께 살리셨고 (너희는 은혜로 구원을 받은 것이라) 또 함께 일으키사 그리스도 예수 안에서 함께 하늘에 앉히시니" (엡 2:3-6)

그렇다. 예수는 하나님의 사랑으로 오신 사랑의 실체(Entity)였다. 인간을 구원하시기 위하여 하나님이 오신 것이다. 하나님의 본체요 형상이신 성자(聖子) 예수가 인간을 사랑하사 구원하시기 위하여 오신 것이다. 당시 유대인이나 세상 사람들은 이 사실을 모르고 있었다는 것이다. 이 사랑의 극치가 십자가이다. 그래서 십자가는 하나님의 뜻이요 인간 구원을 위한 공의로운 하나님의 예정이었다. 그래서 요한일서에서 "하나님이 사랑이라" 하신 것이다.

> "하나님의 사랑이 우리에게 이렇게 나타난 바 되었으니 하나님이 자기의 독생자를 세상에 보내심은 그로 말미암아 우리를 살리려 하심이라 사랑은 여기 있으니 우리가 하나님을 사랑한 것이 아니요 하나님이 우리를 사랑하사 우리 죄를 속하기 위하여 화목제물로 그 아들을 보내셨음이라" (요일 4:9-10)

그렇다! 예수 그리스도는 하나님의 무조건적인 무한의 사랑을 보여 주신 사랑의 실체였다. 이것을 우리는 믿는 것이다.

4 _ 믿음이란?

기독교의 믿음은 이 사실을 사실로 믿는 것이다. 히브리서 11장 6절에서 믿는 자는 하나님의 존재를 믿고 하나님이 그를 찾는 자를 만나주시는 분이심을 믿는다고 하였다. 하나님의 존재와 사랑은 구별이 아니다. 인간을 사랑하시는 그 사랑을 믿는 것이 믿음이다. 이 사랑이 예수 그리스도이며 복음이다. 마가복음 1장 1절에서 마가는 "하나님의 아들 예수 그리스도의 복음의 시작이라" 하였고, 예수님도 갈릴리 처음 사역의 외침을 "때가 찼고 하나님의 나라가 가까이 왔으니 회개하고 복음을 믿으라"라는 말씀으로 시작하셨다. 그렇다. 기독교는 예수 그리스도를 믿는 것이다. 이것은 아가페의 사랑을 믿는다는 것이다. 요한복음 3장 16-17절에서도 "하나님이 세상을 이처럼 사랑하사 독생자를 주셨으니 이는 그를 믿는 자마다 멸망하지 않고 영생을 얻게 하려 하심이라 하나님이 그 아들을 세상에 보내신 것은 세상을 심판하려 하심이 아니요 그로 말미암아 세상이 구원을 받게 하려 하심이라" 하셨다. 그렇다! 그리스도를 세상에 보내심은 세상을 정죄하려 하심이 아니요 구원을 받게 하시려는 사랑이었다. 그러므로 예수가 복음이고 복음이 예수이다. 그리스도를 믿는 자는 구원을 받는다. 로마서 1장에서도 바울은 예수가 복음이라고 설명하고 있다(롬 1:2-4). 그렇다. 예수가 복음이요 생명이다. 기독교는 이 사실에 타협도 양보도 없다. 사실을 믿으니까! 그래서 예수님도 "내가 곧 길이요 진리요 생명이라" 하셨다. 이 복음을 위하여 십자가를 지시고 고난을 받으신 것은 진리와 생명을 주시기 위한 사랑이다.

5 _ 믿음과 구원

기독교의 믿음은 사실을 사실로 믿는 것이다. 종교적 바람이나 희망이 아니고, 믿음은 실상이요 증거요 확신을 넘어 생명이다. 사실을 그대로 믿고 따라가는 순종의 길이요 기쁨의 길이다. 예수님은 믿음에 대하여 비유하시기를 "밭에 감추인 보화를 발견한 사람과 같다"고 하셨다. 그것이 믿음이다. 복음은 밭에 감추인 보화이다. 우리 인생의 전부를 팔아서 살만한 가치가 있는 것이다. 요한복음 3장 16절의 "하나님의 독생자를 믿는 자마다 영생을 얻는다"는 말씀과 사도행전 16장 31절의 "주 예수를 믿으라 그리하면 너와 네 집이 구원을 받으리라"는 말씀은 성경 전체의 약속의 핵심이다. 하나님의 아들이신 예수를 믿기만 하면 구원을 받는다. 이것이 성경의 약속이요 하나님께서 성경을 주신 하나님의 계시의 목적이다. 구원은 무엇인가? 풀러신학교 교수인 김세윤 박사는 그의 책 『구원이란 무엇인가』에서 "예수 그리스도가 가져오는 구원은 우리의 실존 전체에 대한 구원입니다. 그것이 우리 육신과는 소용없고 영혼에만 소용있는 구원도 아니고, 그것이 이 세상은 관계없고 내세에만 관계되는 구원도 아닙니다. 예수 그리스도의 구원은 우리 피조물을 다시 한번 창조주 하나님께 접합시키는 총체적인 구원으로서, 이 구원은 그의 재림 때 완성될 것이지만 우리는 지금 그 첫 열매를 이미 누리고 있습니다"라고 말하였다. 하나님의 구원은 어느 한 가지가 충족되었다고 구원이라 하지 않는다. 하나님의 구원은 온전한 구원이다. 그렇다. 하나님의 구원은 인간의 불행의 원인이 되는 죄의 저주에서 온전히 영원히 해방되는 구원이다. 바울 사도도 로마서 8장 1절과 2절에서 "그러므로 이제 그리스도 예수 안에 있는 자에게는 결코 정죄함이 없나니 이는 그리스도 예수 안에 있는 생명의 성령의 법이 죄와 사망의 법에서 너를 해방하였음이라" 하였다.

인간은 누구나 세 가지 문제를 안고 산다. 과거의 문제, 현재의 문제 그리고 미래의 문제이다. 이 세 가지 문제가 일시에 다 해결되는 것이 하나님의 구원이다. 과거의 상처와 사슬에 매여 죄책감 속에서 과거의 밧줄에 묶여서 앞으로 나가지 못하는 사람들을 구원한다. 또 현재의 사업 실패와 경제와 환경의 어려움 때문에 앞으로 나가지 못하는 인생들, 가난과 질병의 사슬에 매여서 불안과 두려움 속에 사는 인생들을 구원한다. 젊은이나 늙은이나 미래에 대한 두려움에서 자유롭지 못하다. 더욱이 죽음에 대한 두려움은 인간이 해결할 수 없다. 죽음의 문제를 많은 사람들이 타고난 운명처럼 받아들이는 것을 볼 수 있다. 그러나 그것은 운명이 아니다. 기독교의 구원은 미래에 대한 두려움과 죽음의 문제로부터 인생을 구원한다. 과거, 현재, 미래의 이 모든 문제를 완전하고도 깨끗하게, 자유롭게 해결해줄 뿐만 아니라 넘치는 자유와 희망을 선사하는 것이 기독교의 구원이다. 이 구원은 하나님이 자기의 기쁘신 뜻대로 베푸시는 최고의 은총이다(엡 1:3-6; 눅 4:18-19). 구원은 과거 문제와 현재 문제 그리고 불확실한 미래 문제와 내세의 문제로부터 완전한 자유를 얻고 보장받는 것을 의미한다. 그래서 믿음의 선진들이 무서운 박해나 죽음 앞에서 구차하게 변명하지 아니하고 믿음으로 죽음을 선택한 것이다.

6 _ 무엇을 믿는가?

사도행전에서 "주 예수를 믿으라 그리하면 너와 네 집이 구원을 얻으리라" 하셨다. 나 자신 뿐 아니라 내 집까지의 구원이다(행 16:31). 요한복음에서는 "독생자를 믿는 자마다 멸망하지 않고 영생을 얻는다"(요 3:16) 하셨다. "예수를 믿으라 그리하면 … 하리라" 이것은 언약의 약속이다. 믿는다는 전제 하에 주시는 약속이다. 우리가 무엇을 어떻게 믿어야 하는가? 이것은 복잡한 것이 아니다. 구원을 주시기 위한 하나님의 작정으로 독생자 예수를 보내시고 그 예수를 믿으라는 것이다. 이것을 알려주시기 위하여 성경을 계시의 책으로 우리에게 주신 것이다.

"오직 이것을 기록함은 너희로 예수께서 하나님의 아들 그리스도이심을 믿게 하려 함이요 또 너희로 믿고 그 이름을 힘입어 생명을 얻게 하려 함이니라" (요 20:31)

그렇다. 성경은 복잡하게 말씀하지 않고 예수가 하나님의 아들이요 그리스도임을 믿으라는 것이다. 육신을 입고 오신 예수가 하나님의 아들이시다. 그리고 그리스도 즉 메시야라는 사실을 사실로 믿으라는 것이다. 예수는 하나님의 아들로서 메시야이시다. 그러므로 우리 인간의 과거 문제나 현재의 문제나 미래의 문제를 완전히 해결하여 주시는 메시야임을 사실로 믿으라는 것이다. 이 믿음으로 과거와 현재와 미래에서 온전한 구원을 받는 것이다. 그러기에 예수님도 나사로의 죽음 앞에 가서 "나는 부활이요 생명이니 나를 믿는 자는 죽어도 살겠고 무릇 살아서 나를 믿는 자는 영원히 죽지 아니하리니 이것을 네가 믿느냐"(요 11:25-26) 하셨다. 이 믿음이 실상을 가져오고 역사를 만드는 기독교의 산 믿음이다. 그래서 기독교는 이론이나 철학이나 이념이 아니요 생명이며 능력이요 생활의 능력으로 날마다 역사를 만든다 (고전 2:5; 4:20). 예수 그리스도가 하나님의 아들로 내 인생의 최고 가치요 삶의 중심으로 메시야가 되심을 믿을 때 생활 속에서 구원의 역사를 체험하게 된다. 이것을 경험적(Empirical) 신앙이라 한다.

7 _ 구원의 내용

구원은 그리스도의 성육신으로, 십자가에서 속죄의 제물로 자신을 드림으로 이루어진 하나님의 무조건적인 무한의 사랑으로 이루어진 것이다. 이것은 은혜요 하나님의 뜻하신 바 예정의 사건이다.

구원이란 첫째로 죄와 죄의 저주에서의 해방이다.

구약 성경에서의 언약은 복이며 약속이다. 그러나 언약을 지키지 아니하면 자기 스스로 죄에 대한 저주 아래 살게 된다. 그래서 인간의 모든 불행은 죄에서 오는 것이다.

신명기 28장 1절에서부터 14절까지는 언약을 지키는 자에 대한 복에 대한 약속이다. 그런데 15절부터 순종하지 아니하고 그 모든 명령과 규례를 지켜 행하지 아니하면 저주가 임하게 되는데, 각종 세상의 모든 불행이 여기에 다 들어있다.

복에 대한 약속은 1절에서 14절까지에 다 들어있는데 불순종과 범죄로 인한 각종 저주에 대하여는 15절부터 68절까지 이르게 된다. 말로 다할 수 없는 인간의 불행이 여기에 속하게 된다.

그래서 인간이 스스로 해결할 수 없는 죄의 문제를 해결하시기 위하여 하나님께서 성육신하셔서 범죄한 인간이 받는 고난을 친히 받으시고 십자가라는 저주의 고통에서 피흘려 죽으시고 속죄하시고 속량하여 주신 것이다. 이것이 보여주는 바는 하나님의 공의요 죄의 형벌이다(롬 3:23-26). 그리고 믿음으로 이 사랑을 받아들이기만 하면 속량 곧 죄 사함을 얻게 된다.

"우리는 그리스도 안에서 그의 은혜의 풍성함을 따라 그의 피로 말미암 아 속량 곧 죄 사함을 받았느니라" (엡 1:7)

구원은 속죄함을 받고 죄의 저주에서 자유함을 얻는 것이다.

"이는 그리스도 예수 안에 있는 생명의 성령의 법이 죄와 사망의 법에서 너를 해방하였음이라"(롬 8:2)

우리의 모든 죄가 예수 그리스도의 십자가의 흘리신 보혈로 말미암아 깨끗이 씻어진 것이다.

"너희가 알거니와 너희 조상이 물려 준 헛된 행실에서 대속함을 받은 것은 은이나 금 같이 없어질 것으로 된 것이 아니요 오직 흠 없고 점 없는 어린 양 같은 그리스도의 보배로운 피로 된 것이니라"(벧전 1:18-19)

그러므로 십자가는 하나님의 예정이요 복음의 비밀이었다.

"그리스도께서 우리를 위하여 저주를 받은 바 되사 율법의 저주에서 우리를 속량하셨으니 기록된 바 나무에 달린 자마다 저주 아래에 있는 자라 하였음이라" (갈 3:13)

그러므로 속죄의 역사, 속량으로의 해방은 오직 하나님의 예정된 역사였다.

둘째로 구원은 죄없이 되어 의롭게 된 것이다. 이것은 죄가 없는 하나님의 거룩을 의미한다. 의롭다 함을 얻은 것, 거룩하게 된 것, 이것도 하나님의 구원 예정이다.

"너희는 그 은혜에 의하여 믿음으로 말미암아 구원(의롭다 하심)을 받았
으니 이것은 너희에게서 난 것이 아니요 하나님의 선물이라" (엡 2:8)

여기에서 유진 피터슨이 번역한 『메시지』라는 성경에는 본절을 이
렇게 번역하였다.

"구원은 전적으로 하나님이 생각해 내신 일이고 전적으로 그분이 하신
일입니다"

셋째로 하나님의 자녀가 된 것이다. 하나님이 우리를 의롭게 하신
일이 하나님의 뜻하신 일이요 자녀 삼으시는 것이 그분의 예정이다.
그래서 의롭게 된 우리를 자녀 삼으시는 것이다. 요한복음 1장 13절에
"이는 혈통으로나 육정으로나 사람의 뜻으로 나지 아니하고 오직 하
나님께로부터 난 자들이니라"고 하시므로 우리를 자녀 삼으시는 것이
하나님의 의도인 것을 말씀하고 있다. 그렇다. 구원은 놀라운 변화이
다. 속죄받고 의인되고 하나님의 자녀가 된 것이다. 그렇다. 구원은
신분의 변화이다. 죄인이 의인되고 마귀의 종(죄의 종)이 거룩하신 하나
님의 자녀가 되는 것이다. 이제는 하나님과의 관계가 아버지와 자녀
의 관계가 되어 우리는 하나님을 아버지라 부르게 되고 하나님은 우
리를 자녀라 하시는 것이다(갈 4:6-7).

넷째로 하나님의 상속자가 된 것이다. 자녀를 삼으신 하나님의 의

도는 하나님의 나라를 유업으로 주시기 위한 하나님의 무조건적인 사랑의 예정이다. 이 하나님의 계시가 성육신을 통하여 우리에게 나타난 것이다.

"때가 차매 하나님이 그 아들을 보내사 여자에게서 나게 하시고 율법 아래에 나게 하신 것은 율법 아래에 있는 자들을 속량하시고 우리로 아들의 명분을 얻게 하려 하심이라 너희가 아들이므로 하나님이 그 아들의 영을 우리 마음 가운데 보내사 아빠 아버지라 부르게 하셨느니라 그러므로 네가 이 후로는 종이 아니요 아들이니 아들이면 하나님으로 말미암아 유업을 받을 자니라" (갈 4:4-7)

그래서 빌립보서 3장 20절에 "우리의 시민권은 하늘에 있는지라 거기로부터 구원하는 자 곧 주 예수 그리스도를 기다리노니" 하신 것이다. 그렇다! 하늘나라 천국 백성으로, 천국 시민으로 세상에 사는 것이 구원 받은 자의 삶이다. 이 모든 구원의 내용이 믿음으로 우리에게 단번에 주어진 언약의 은총이며 예수 그리스도의 재림과 함께 온전히 이루어 영원까지 이어지는 것이다. 여기서 하나님 아버지의 영원한 영광으로 하나님과 함께 영생하는 것이다. 이 사실을 믿는 자들에게는 신앙생활이 기쁨이요 감사요 희망이 넘치는 것이다.

성경
신학
총론

제 9 장 _ 보혜사 성령 (the Holy Spirit)

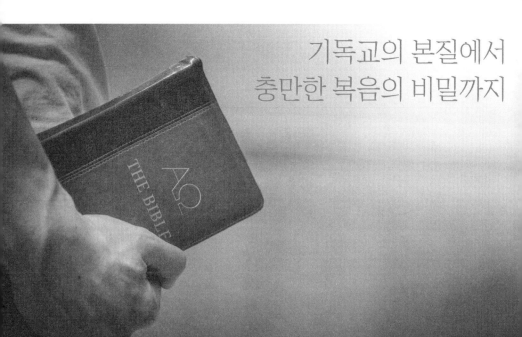

기독교의 본질에서
충만한 복음의 비밀까지

9장

보혜사 성령(the Holy Spirit)

성령은 하나님의 약속이다. 구원의 완성을 위한 하나님의 예정이다. 성령은 하나님의 영으로, 그리스도의 영으로, 삼위로서 속성과 본질에서 하나이시며 하나님의 일을 하시는 하나님이시다.

성육신의 목적은 바로 임마누엘이다. 이사야 7장 14절이 성육신의 목적인 것을 마태복음 1장 22절과 23절에서 예시하여 주셨다. 그리스도가 오심으로 성령님의 역사를 통해 하나님의 숨겨진 비밀의 역사들이 만방에 알려지게 된 것이다. 예수님의 공생애의 생활은 성령의 생활이었다. 그래서 그의 말씀이 하나님의 말씀이며 그분의 사역이다. 성령의 역사였다. 보지 못하는 자를 보게 하고 눌린 자에게 자유를 주며 죄를 사해 주시고 하늘 나라의 일을 말씀하신 것들이 하나님의 일이었다.

임마누엘 하나님이 우리와 함께 계신다. 그렇다. 그리스도의 십자가의 사건으로 속량받은 거룩한 자녀들에게 동일하게 성령을 부어 주신다. 부활하신 후 제자들을 찾아가서 부탁하신 말씀이 "너희가 성령을 받으라"였다. 성령을 주시기 위하여 성육신하시고 십자가에서 피 흘리신 것이다(요 20:19-23).

1 _ 임마누엘 (Immanuel)

임마누엘의 뜻은 "하나님이 우리와 함께 계시다"(마 1:23)는 것이다. 성령(聖靈)은 하나님의 영으로 우리와 함께 하시는 분이다.

그래서 C. H. 웨더베(C. H. Wetherbe)는 그의 책 『성령님은 그의 백성과 함께 계신다』에서 임마누엘을 이렇게 설명한다.

(1) 하나님이 그들의 생활 속에 그들과 함께 계신다.

(2) 그들과 세상사를 함께 하신다.

(3) 그들의 시련과 고통 중에서 함께 하신다.

(4) 그들의 예배 중에 함께 하신다.

(5) 그들의 죽음과 영광 중에 함께 하신다.

임마누엘은 하나님의 구원사역의 목적이라고 할 수 있다. 그는 영원히 하나님으로 우리와 함께 계시는 분이다. 요한복음 14장에서 십자가를 앞에 두고 예수님은 이렇게 말씀하셨다.

"내가 아버지께 구하겠으니 그가 또 다른 보혜사를 너희에게 주사 영원토
록 너희와 함께 있게 하리니 그는 진리의 영이라 세상은 능히 그를 받지
못하나니 이는 그를 보지도 못하고 알지도 못함이라 … " (요 14:16-17)

예수님이 아닌 또다른 보혜사 성령을 보내주신다. 그는 그리스도의
영이요 하나님의 영이시다. 그분이 오시면 "그 날에는 내가 아버지 안
에, 너희가 내 안에, 내가 너희 안에 있는 것을 너희가 알리라" (요 14:20)
하셨다.

하나님은 그의 택한 백성들과 함께 하신다. 그래서 이 사실을 보여
주기 위하여 광야 생활에서 성막 위에 항상 낮에는 구름기둥으로, 밤
에는 불기둥으로 나타나 보여주셨다. 그러나 신약 시대에는 어떤 장
막에 계시는 것이 아니다. 그의 백성들 안에 계시기 위하여 성육신하
시고 십자가의 보혈로 죄를 씻어 주시고 의롭게 하시고 거룩하게 하
시고 성도 안에 계시는 것이다.

"너희는 너희가 하나님의 성전인 것과 하나님의 성령이 너희 안에 계시
는 것을 알지 못하느냐" (고전 3:16)

그렇다. 성령님은 그리스도의 영으로 믿는 자 안에 계신다.

"만일 너희 속에 하나님의 영이 거하시면 너희가 육신에 있지 아니하고
영에 있나니 … " (롬 8:9)

그렇다. 우리를 영적인 사람, 하나님의 사람으로 만드시기 위하여 함께 하신다. 앞에서 말한 대로 성령님은 우리 생활 속에 항상 함께 계신다. 실패하고 고통 중에 있을 때에도 계시고 성공하여 인생이 잘 풀릴 때에도 성령님은 함께 하시고 신앙생활 순간순간마다, 그리고 예배 생활에도 항상 같이 계신다. 이것을 잊어 버리고 나 혼자라고 생각할때에 신앙의 실패를 가져온다. 그러나 그때에도 성령님은 우리와 함께 하시는 하나님이시다. 우리가 이 세상을 떠날 때에도, 영광 중에 부활할 때도, 천국에서 영광 중에 영생할 때도 하나님의 성령으로 함께 계신다. 이 모든 것은 하나님의 예정인 성육신과 십자가에서 보여주신 하나님의 사랑이다. 그리하여 성령 안에서 하나님과 그 아들 그리스도가 나와 함께 하시는 것이 임마누엘이 되는 것이다.

1) 성령의 인도 (보혜사)

성령은 진리의 영이다.

"그러나 진리의 성령이 오시면 그가 너희를 모든 진리 가운데로 인도하시리니 … "(요 16:13)

그렇다. 성령은 하나님의 영으로서 "모든 것 곧 하나님의 깊은 것까지도 통달하신다"(고전 2:10). 우리를 하나님의 원하시는 뜻을 따라 인도하신다. 기도할 때도 내 뜻이 아니라 하나님의 온전하신 뜻을 위해 기도하신다. 그래서 우리 안에 성령님이 계시느냐는 것은 신앙의 생명에 속하는 문제다, 그분이 계시면 우리를 의로운 길로 인도하신다. 우리의 생각을 주관하신다. 위험과 사고에서도 성령님은 함께 하여 주신다. 진리 가운데로 인도하시고 위로부터 오는 지혜를 주신다. 세상에는 마귀의 지혜와 귀신의 지혜가 있다. 그래서 다툼이 있고 자랑이 있고 교만이 있고 시기와 혼란과 모든 악독이 나오게 된다. 그러나 성령님은 위로부터 지혜를 주시고 성결과 화평과 관용과 양순과 긍휼과 선한 열매를 맺게 하고 편견과 거짓이 없으며 모두를 화평케 함으로 평화를 누리게 한다.

그래서 F. J. 크로스비(Crosby)는 "하늘나라 갈 때까지 어떠한 조건에서도 은혜를 주시어 인도하신다"고 노래한 것이다. 그렇다! 하늘나라 갈 때까지 영원히 성령님으로 우리와 함께 하시는 하나님이다.

2 _ 성령의 사역

성령님은 우리 안에서 하나님의 일을 하신다. 첫째로 신앙의 생활을 하도록 역사하신다. 신앙생활은 하나님의 말씀이 내 안에 들어올 때에 성령님이 받아서 우리를 통하여 역사하신다. 그래서 말씀이 생활 속에서 이루어지게 된다. 성령의 열매는 노력과 훈련을 통하여 이루어지는 것이 아니다. 시간과 환경과 조건에 따라 조화를 이루고 필요에 따라 지혜를 주심으로 성령의 열매가 맺힌다. 성령께서 역사하하시면 부딪히는 환경 속에서 사랑할 자를 진심으로 사랑하게 되고 구원의 기쁨과 감격 속에 감사가 터져 나온다. 서로가 화목하게 하시며 덕을 세우는 일에 우리를 사용하신다. 인간관계에서뿐 아니라 내가 하는 모든 일에 진·선·미(眞善美)가 깃들게 된다. 인간으로서는 도저히 할 수 없는 사랑을 하게 되고 이해와 용서를 하게 된다. 무엇을 하든 하나님의 일을 하는 것처럼 할 뿐만 아니라 자연과의 관계에서도 누리게 하시고 관리하게 하시는 하나님의 청지기로서 살게 하신다. 이로써 하는 일마다 진·선·미가 나타난다. 이것은 이상구 박사의 건강 이론에서 접했으나 매우 성경적이다. 도저히 절제할 수 없는 상황에도 절제가 되게 하는 것은 성령님의 역사이다.

성령은 적극적으로 일하게 하신다. 봉사하게 하신다. 구제와 선한 일에 헌신하게 하신다. 복음 전도의 뜨거운 가슴을 주시고 영혼에 대한 사랑으로 복음을 전적으로 진심으로 전하게 하심으로 듣는 이로 하여금 감동을 받게 하신다. 그래서 전도하러 갈 때는 위에서부터 주시는 성령의 역사가 반드시 있어야 한다.

"오직 성령이 너희에게 임하시면 너희가 권능을 받고 예루살렘과 온 유대와 사마리아와 땅 끝까지 이르러 내 증인이 되리라 하시니라" (행 1:8)

전도는 예수 그리스도의 증인이 되는 것이다. 예수를 증거하는 것이다. 우리의 의지가 아니라 성령의 역사로 우리가 움직여질 때에 우리의 증거에 상대방이 감동을 받고 열매를 거두게 되는 것이다. 보혜사 성령이야말로 성도를 성도되게, 하나님의 역사의 도구가 되게 하시는 역사를 한다.

3 _ 성령의 은사

성령의 역사는 보이지 않게 생활 속에서 경건의 능력으로 사람을 감동 · 감화 · 변화시키는 역사가 있다. 그런가 하면 보이는 가운데 믿음의 역사로 신비한 일들로 나타나기도 한다. 그래서 성령의 은사는 여러 가지로 나타난다. 성령님께서 각 사람의 믿음의 분량대로 어떤 사람에게는 지혜의 말씀을 주신다. 그래서 하나님의 말씀을 깨닫고 잊어버리지 않고 항상 묵상하며 사람들을 가르치고 변화시키고 믿음에 들어가게 하는 일을 한다. 어떤 사람에게는 다른 사람이 생각지 못하는 믿음의 은사를 주셔서 담대하게 환경을 이기게 하시고 자신의 탐욕이나 이기심을 이기고 용기 있게 크고 놀라운 일을 하게 하심으로 세상을 바꾸는 일을 한다. 또한 성령님의 역사로 병 고치는 은사를 주시므로 질병으로 고통 중에 있는 이들이 치유를 받기도 하며 또 어떤 이에게는 예언의 은사를 주심으로 세상의 미래를 말하게도 하시고 위험을 피하게도 하시고 또는 영분별의 은사를 주시어 잘못된 영에 사로잡힌 자들을 바로 잡아주고 능력을 주시어 귀신을 내어 쫓으며 또 어떤 이들에게는 방언의 은사를 주심으로 각종 방언을 말함으로 복음을 전하는데 유익하게 하신다. 얼마전 필리핀 교역자들을 위한 연장 교육 프로그램의 강사로 갔을 때에 젊은 선교사님이 유창하게 통역을 잘하셔서 비결을 물으니, 그는 영어를 공부하면서 기도를 하였는데, 어느 날 한국 목사님이 설교를 하시는데 갑자기 영어로 들리면서 이해가 되어 자기를 의심해 보았는데, 그후 자신도 모르게 영어가 자연스럽게 나오며 목회자들을 가르치는데 하나도 두려움이 없이 자연스럽게 성경을 가르치게 되고 통역을 쉽게 하게 되었다고 하였다. 선교의 유익을 위하여 성령님께서는 각 사람의 분량대로 은사를 주시는 것이다. 그래서 하나님은 필요에 따라 방언·통역의 은사를 주심으로 선교와 전도 그리고 모든 이들의 유익을 위하여 필요의 은사를 주신다. 그리하여 영혼 구원 역사에 도움이 되게 하신다. 이러한 은사를 통하여 자신이 성령 안에 있음을 확인하게 되고 담대히 복음을 전하게 된다(고전 12:4-11). 어떤 이들은 성령의 은사는 사도시대 뿐이고 지금은 아니라고 부정하는 경우가 있는데, 성령님은 초대교회시대나 지금의 시대나 동일한 성령으로 삼위 하나님이시다. 그러므로 은사가 없는 교회들은 다시 한번 우리 신앙을 시험하고 믿음으로 거듭남으로 성령님의 임재와 역사를 회복하여 교회의 본질의 능력으로 세상을 충만하게 하는 교회가 되어야 한다(엡 1:22-23).

성경
신학
총론

제 10 장_ 대제사장이신 중보자 예수 그리스도

기독교의 본질에서
충만한 복음의 비밀까지

10장

대제사장이신 중보자 예수 그리스도

1 _ 대제사장 그리스도

성육신은 그리스도가 대제사장으로서 중보자가 되시기 위함이다. 히브리서 기자는 "우리에게 큰 대제사장이 계시니 승천하신 이 곧 하나님의 아들 예수"(히 4:14)라고 선포하고 그는 우리와 동일한 인간의 몸을 입은 제사장이시기에 우리의 연약함을 도우신다 하였다. 대제사장마다 사람 가운데서 택하시는데 그는 하나님께 속한 일에 사람을 위하여 예물과 속죄하는 제사를 드리기 때문에 아무나 되는 것이 아니고 아론과 같이 하나님의 부르심을 받은 자라야 했다. 이와 같이 그리스도께서 대제사장 되심도 스스로 되신 것이 아니라 하나님의 영원하신 뜻 가운데서 멜기세덱의 반차를 따른 영원한 제사장이라고 하신 말씀으로 되신 것이다(히 5:5-6).

예수님은 하나님의 뜻을 따라 대제사장이 되시기 위하여 육신을 입고 사람으로 이 세상에 오셨다. 그래서 디모데전서에서 "하나님은 한 분이시요 하나님과 사람 사이에 중보자도 한 분이시니 곧 사람이신 그리스도 예수라 그가 모든 사람을 위하여 자기를 대속물로 주셨으니 기약이 이르러 주신 증거니라"(딤전 2:5-6) 하신 것이다.

예수님은 하나님의 독생자이시므로 하나님의 영광의 보좌에 앉으신 동일하신 하나님이시다. 바로 이 독생자가 모든 것을 다 내려놓으시고 이 세상에 육신을 입고 비천한 종의 모습으로, 사람의 모양으로 오셔서 죄의 저주를 받으신 것은 무조건적인 무한의 사랑으로 우리를 구원하고자 하시는 하나님의 계획이었다. 이는 때가 되어 이루신 역사이다. 짐승의 피로는 인간의 피를 대신할 수 없고 매년 드리고 또 드려야 하기 때문에 옛 언약을 폐하시고 온전한 제사로 하나님께서 우리의 죄를 사하고자 그리스도를 대제사장으로 보내신 것이다.

2 _ 온전한 대제사장

사람은 온전한 제사장이 될 수 없다. 아담으로부터 원죄의 유전인자를 가지고 태어난 죄인이기에 항상 성결 의식으로 자신을 성결케 하고 짐승의 피를 가지고 지성소에 들어가나 그런 것은 하나의 예표로서 앞으로 있을 온전한 속죄의 그림자였다. 죄인인 인간이 죄인을 대신할 수 없고 짐승의 피가 인간의 피를 대신할 수 없다. 그래서 하나님께서 친히 사람이 되사 죄 없는 인생을 사셨고 죄 없는 육신으로, 짐승의 피가 아닌 자기의 피로 속죄의 제사를 드림으로 온전한 제사를 드린 것이다.

> "염소와 송아지의 피로 하지 아니하고 오직 자기의 피로 영원한 속죄를 이루사 단번에 성소에 들어가셨느니라" (히 9:12)

그러므로 그리스도께서 십자가에서 제물이 되실 때에 성소의 휘장이 갈라지게 된 것이다.

> "그러므로 형제들아 우리가 예수의 피를 힘입어 성소에 들어갈 담력을 얻었나니 그 길은 우리를 위하여 휘장 가운데로 열어 놓으신 새로운 살 길이요 휘장은 곧 그의 육체니라" (히 10:19-20)

그렇다. 성육신하신 그리스도는 완전하게 우리의 죄를 속죄하시기 위하여 오신 하나님의 무조건적 무한의 사랑에 의한 하나님의 예정이다. 하나님과 우리 사이의 막힌 담을 허시고 중보자로 우리가 하나님께 나아가는 살 길을 열어놓으신 제사장이신 것이다. 이제는 더이상 속죄를 위한 제사를 드릴 필요가 없고 예수 그리스도로 말미암아 하나님께로 나아가는 것이다.

> "지금 우리가 하는 말의 요점은 이러한 대제사장이 우리에게 있다는 것이라 그는 하늘에서 지극히 크신 이의 보좌 우편에 앉으셨으니" (히 8:1)

"그러므로 우리에게 큰 대제사장이 계시니 승천하신 이 곧 하나님의 아들 예수시라 우리가 믿는 도리를 굳게 잡을지어다 우리에게 있는 대제사장은 우리의 연약함을 동정하지 못하실 이가 아니요 모든 일에 우리와 똑같이 시험을 받으신 이로되 죄는 없으시니라 그러므로 우리는 긍휼하심을 받고 때를 따라 돕는 은혜를 얻기 위하여 은혜의 보좌 앞에 담대히 나아갈 것이니라"(히 4:14-16)

우리에게는 온전한 대제사장이신 예수 그리스도가 계시기에 우리는 예수의 이름으로 하나님께 나아가면 된다. 그의 이름으로 기도하고 봉사와 헌신을 드리고 하나님 안에서 안식을 누릴 수 있게 된 것이다.

"예수께서 이르시되 내가 곧 길이요 진리요 생명이니 나로 말미암지 않고는 아버지께로 올 자가 없느니라"(요 14:6)

오직 예수 그리스도 한 분만이 우리의 길(the Way)이요 중보자가 되시는 것이다(딤전 2:5-6).

3 _ 영원한 대제사장

구약의 제사장은 레위 지파 중에서 제사장으로 택함을 입은 자이나 예수 그리스도는 레위 지파가 아니요 유다 지파인데 전혀 제사장에

관한 말씀이 없는 지파이다.

"우리 주께서는 유다로부터 나신 것이 분명하도다 이 지파에는 모세가 제
사장들에 관하여 말한 것이 하나도 없고 멜기세덱과 같은 별다른 한 제사
장이 일어난 것을 보니 더욱 분명하도다 그는 육신에 속한 한 계명의 법을
따르지 아니하고 오직 불멸의 생명의 능력을 따라 되었으니 증언하기를 네
가 영원히 멜기세덱의 반차를 따르는 제사장이라 하였도다" (히 7:14-17)

"이 멜기세덱은 살렘 왕이요 지극히 높으신 하나님의 제사장이라 여러 왕
을 쳐서 죽이고 돌아오는 아브라함을 만나 복을 빈 자라" (히 7:1)

예수는 하나님의 살아계신 제사장으로 영원히 계시는 분이다. 레위
지파의 제사장의 수효가 많은 것은 죽음으로 말미암아 항상 있지 아
니하기 때문인데 예수는 영원히 살아계시므로 한 분만으로 제사장의
직분이 충분하게 된다는 것이다(히 7:24-25). 이와 같이 그리스도는 이
멜기세덱의 반차를 따르는 제사장이라는 것이다.

"이러한 대제사장은 우리에게 합당하니 거룩하고 악이 없고 더러움이 없
고 죄인에게서 떠나 계시고 하늘보다 높이 되신 이라 그는 저 대제사장들
이 먼저 자기 죄를 위하고 다음에 백성의 죄를 위하여 날마다 제사 드리
는 것과 같이 할 필요가 없으니 이는 그가 단번에 자기를 드려 이루셨음
이라 (히 7:26-27)

"그리스도께서는 장래 좋은 일의 대제사장으로 오사 손으로 짓지 아니한 것 곧 이 창조에 속하지 아니한 더 크고 온전한 장막으로 말미암아 염소와 송아지의 피로 하지 아니하고 오직 자기의 피로 영원한 속죄를 이루사 단번에 성소에 들어가셨느니라" (히 9:11-12)

이와 같이 예수 그리스도는 자기의 피로 단번에 속죄를 이루시고 영원한 대제사장으로 우리의 중보자가 되시는 것이다.

"오직 그리스도는 죄를 위하여 한 영원한 제사를 드리시고 하나님 우편에 앉으사 그 후에 자기 원수들을 자기 발등상이 되게 하실 때까지 기다리시나니 그가 거룩하게 된 자들을 한 번의 제사로 영원히 온전하게 하셨느니라" (히 10:12-14)

이것이 하나님과 우리와의 두 번째 언약으로 하나님의 속죄를 위한 예정이었다.

"주께서 이르시되 그 날 후로는 그들과 맺을 언약이 이것이라 하시고 내 법을 그들의 마음에 두고 그들의 생각에 기록하리라 하신 후에 또 그들의 죄와 그들의 불법을 내가 다시 기억하지 아니하리라 하셨으니 이것들을 사하셨은즉 다시 죄를 위하여 제사 드릴 것이 없느니라" (히 10:16-18)

이러므로 예수 그리스도는 지극히 높으신 하나님 보좌 우편에 계시면서 영원한 대제사장으로 우리의 중보자가 되신다(요일 2:1-2; 롬 8:34).

성경
신학
총론

제 11 장 _ 기독교 신앙의 원리(原理)

기독교의 본질에서
충만한 복음의 비밀까지

11장

기독교 신앙의 원리(原理)

1 _ 기독교와 종교

1) 종교란 무엇인가?

인간이 존재하면서부터, 그리고 인간이 있는 곳에는 언제나 종교가 있다. 인간과 종교는 불가분의 관계와 같다. 일반 종교 학자들의 관점이 아닌 성경의 관점에서 살펴보면 인간 창조와 타락에서 그 시점을 보아야 한다. 범죄하고 타락한 인간이 에덴의 행복과 하나님과 함께 하던 본성을 잃어버린 후, 인간은 본질적으로 그 마음 속에 하나님을 사모하는 마음을 가지고 세상에 태어난다. 이것을 인간의 본심에 있는 '종교성' 이라 한다. 그래서 인간이라면 누구에게나 종교성이라는 것이 내면에 있는 것이다. 그래서 유한한 세상에 살고 있는 인간에게는 무엇인가 초월한 존재인 신(神)을 의지하고자 하는 마음이 있다. 사업이나 질병에서, 그리고 죽음이라는 한계와 공포 속에서 이를 극복할 수 있는 그 무언가를 찾고 그것에서 스스로 안위를 받고 그 믿음으로 살아가고자 하는 것이다

사전의 정의는 '종교(宗敎)란 초자연적인 절대자에 대한 믿음을 통해 인간 생활의 고뇌를 해결하고 삶의 궁극적 의미를 추구하는 일'이라 풀이해 놓았다. 그렇다. 인간은 불완전하고 유한한 세계에 살면서 불안과 공포 속에 살고 있다. 내 인생의 미래와 사업에 대한 불확실성이나 질병이나 죽음의 공포는 피할 수 없는 인간의 운명일 것이다. 이 세상에서의 문제뿐만 아니라 죽음이라는 두려움의 문제를 해결하고자 하는 생각 속에 사는 인간이기에, 문제를 해결하고 싶은 욕망에 의해 초월자, 즉 전능한 어떤 신의 존재를 갈망하고 찾아서 그 신이 문제의 해결자가 된다고 믿고 이를 위해 도덕적 행위나 고행과 수도를 통하여 신앙의 최고 경지에 이르고자 하는 것이다. 그러므로 종교는 답이 없는 인간 문제를 해결하기 위한 인간의 끝이 없는 희망이라 할 수 있다. 막연한 신앙적 행복 추구가 종교의 진실이다. 종교를 가지고 있는 사람들은 교리와 도덕과 윤리에 따라 그의 인생관이 결정되기도 한다. 간단하게 말하면 인간이 신을 찾아가는 노력이다.

2) 기독교란 무엇인가?

기독교는 일반 종교와 구별된다. 출발부터 전혀 다르다. 종교가 인

간의 종교성에서 출발하였다면 기독교는 하나님으로부터 시작된다. 종교가 '인간이 신을 찾아가는 노력'이라면 기독교는 '하나님이 찾아오시므로 이루어지는 하나님과의 관계'이다. 그렇다. 일반 종교는 절대자 즉 초월의 신을 찾아가는 노력, 즉 참선, 고행, 선행 등으로 소원을 이루고 신의 경지에 이르려 하는 희망이다. 그러나 분명한 것은 인간은 아무리 노력하여도 신이 될 수 없다는 것이다. 우리나라 불교계에서 존경을 받고 정종을 지냈으며 10년 이상 장좌불와(長坐不臥)로 수련을 하고 종교계의 표본이라 할 정도로 명성이 있는 성철 스님은 사회에서도 그의 인품을 존경하던 분이었다. 그런데 조선일보 1993년 11월 5일자 15면에 그가 마지막 세상을 떠나기 전에 다음과 같은 말을 하여 일반 종교의 허무함을 말하므로 사람들의 의문을 사기도 했다.

"한평생 남녀 무리를 진리 아닌 것을 진리라고 속인 죄가 너무 커서 지옥에 떨어진다"라고 하고 다음과 같은 불어(佛語)를 남겼다.

生平欺狂男女群 (생평기광남여군)
일평생 남녀 무리를 속여 미치게 했으니
彌天罪業過須彌 (미천죄업과수미)
그 죄업이 하늘에 미쳐 수미산 보다 더 크구나
活焰阿鼻恨萬端 (활염아비한만단)
산채로 불의 아비 지옥에 떨어지니 한이 만갈래 되는구나
一輪吐紅掛碧山 (일륜토홍계벽산)
한 덩이 붉은 해가 푸른 산에 걸렸구나

이것은 종교적 고행이나 선행이나 노력으로 인간의 본질적인 문제를 해결할 수 없다는 것을 보여주는 한 예라 할 수 있다. 기독교는 상천하지(上天下地)에 절대자 초월자로 천지 우주 만물을 창조하시고 우주 삼라만상을 그 섭리대로 운행하시는 하나님을 믿는다. 그래서 기독교는 유일신관(唯一神觀)을 가지고 있다.

"이스라엘아 들으라 우리 하나님 여호와는 오직 유일한 여호와이시니"
(신 6:4)

인간은 언제나 한계 속에서 사는데 불행의 원인이 되는 것은 죄라는 것이다. 죄라는 것 때문에 불안하고 공포를 느끼며 심각한 이 문제를 해결하기 위하여 노력하는 것이 하나의 종교라 할 수 있다. 그러나 인간은 인간 스스로 불행의 원인이 되는 죄의 문제를 해결할 수 없는 존재이다. 그래서 창조주 하나님께서 인간의 죄의 문제를 해결하고 죄와 사망의 법에서 인간을 자유케 하시기 위하여 찾아오셨다. 이것을 '찾아오신 하나님' 기독교 용어로 '성육신'(Incarnation)이라 한다. 말씀이 육신 되어 즉 하나님이 육신을 입고 세상에 오셨다. 왜 오셨느냐? 인간을 죄와 죄의 저주에서 구원하시기 위하여 하나님이 죄가 없으신 육신을 입고 찾아오신 것이다. 이것을 '찾아오신' 하나님의 사랑이라 한다. 그러므로 기독교는 '찾아오신' 하나님의 사랑이다. 기독교는 '인간' 으로부터가 아니라 문제를 해결하여 주시기 위하여 '찾아오신 하나님' 으로부터 시작된다. 이 찾아오신 사랑을 믿는 것이 기독교 신앙의 시작이다. 이 사랑이 우리에게 나타나 보이셨는데, 그가 예수 그리스도이다. 예수 그리스도는 '보이는' 하나님의 사랑이다. 그래서 예수를 믿는 것은 곧 하나님을 믿는 것이요, 이 사랑을 받아들임으로 하나님의 사랑 안에 들어오게 되는 것이다. 예수 그리스도는 하나님의 본체시나 인간을 구원하시기 위한 사랑을 위하여 사람으로, 육신의 모양으로 오셔서 인생의 모든 것을 친히 당하시고 인간의 죄를 대속하시기 위하여 십자가에서 피를 흘리시고, 저주 아래 죽으신 바 되어 인간의 죄의 문제를 완전히 해결해주셨다. 예수 그리스도가 보이는 사랑이라면 십자가는 최고의 사랑의 희생이며 완성이다. 이것을 하나님의 '무조건적 무한의 사랑'이라 한다. 이것은 인간을 구원하시고자 하시는 창조주 하나님의 의도된 사랑의 역사이다. 그래서 예수님도 요한복음 6장 38절에서 "내가 하늘에서 내려온 것은 내 뜻을 행하려 함이 아니요 나를 보내신 이 (내 아버지)의 뜻을 행하려 함이니라" 하신 것이다. 예수 그리스도는 말씀이 육신 되어 오신 분으로 인간을 죄의 저주에서 구원하시기 위하여 오신 메시야이다. 그래서 예수를 그리스도(메시야)라 한다.

요한복음은 이 사랑을 기초로 하여 기록된 말씀이다. 말씀이신 하나님을 소개하고 그 말씀이 육신이 되어 오셨다(요 1:14).

"하나님이 세상을 이처럼 사랑하사 독생자를 주셨으니 이는 그를 믿는 자마다 멸망하지 않고 영생을 얻게 하려 하심이라 하나님이 그 아들을 세상에 보내신 것은 세상을 심판하려 하심이 아니요 그로 말미암아 세상이 구원을 받게 하려 하심이라" (요 3:16-17)

이것이 육신을 입고 세상에 오신 하나님의 사랑의 목적이다. "멸망하지 않고" 그렇다! 죄의 저주로 멸망당할 인간을 구원하시고자 하시는 사랑이다. 이 사랑은 인간적인 사랑이나 세상의 사랑이 아니다. 상대적이고 사랑할 만한 가치가 있어서 사랑하는 것이 아니라 "긍휼이 풍성한 하나님의 사랑"(엡 2:4), 곧 아가페 사랑인 것이다. 아가페는 인간의 언어로 이 사랑을 표현할 수 없어서 칠십인역(LXX)에서 학자들이 만들어낸 그리스어이기도 하다. 그래서 아가페 사랑을 '무조건적 무한의 사랑'이라고도 한다.

기독교는 인간을 구원하시고자 하시는 하나님의 사랑의 열정에서 이루어진 것이다. 그러므로 이 사랑을 믿기만 하면 인간의 불행의 원인이 되는 죄의 문제가 해결되고 하나님과의 관계가 회복되며 하나님의 사랑 안에서 영원히 살게 된다.

> "그러므로 이제 그리스도 예수 안에 있는 자에게는 결코 정죄함이 없나니 이는 그리스도 예수 안에 있는 생명의 성령의 법이 죄와 사망의 법에서 너를 해방하였음이라" (롬 8:1-2)

그러므로 기독교는 선택이 아니요 길이요 진리요 생명이다. 이것이 인간이 사는 길이요 구원이요 하나님의 사랑 안에 영생하는 길이다.

> "예수께서 이르시되 내가 곧 길이요 진리요 생명이니 나로 말미암지 않고는 아버지께로 올 자가 없느니라" (요 14:6)

2 _ 기독교 신앙의 내용

1) 삼위일체 하나님

(1) 삼위일체(三位一體) 하나님

기독교는 삼위일체 하나님을 믿는다. 성부·성자·성령 삼위가 있으되 하나이심을 믿는다. 이 말은 이해하기 어렵고 설명하기 어려운 말이다. 그러나 분명한 것은 '성부·성자·성령 삼위가 있으시되 속성과 본질에서 하나이시다'라는 것이다. 그래서 사역이나 뜻에서 하나이시고 영원부터 영원까지 하나로 존재하신다. 그래서 성자 예수님의 사역이 하나님의 일이고 성령의 역사가 하나님의 일이 되는 것이다. '하나님은 영원하시다'할 때에 성부·성자·성령도 동일하게 영원하시고 다 같은 인격이시다. '하나님은 사랑이시다'할 때에 동일하게 성부·성자·성령은 같은 사랑이시다. '전지전능하시고 무소부재(無所不至)하시다'할 때도 모두 동일하시다. 인간을 죄에서 구원하시는 역사도 성부·성자·성령 하나님의 역사로 이루어지는 것이다. 그래서 '성삼위 하나님·거룩하신 하나님'이라 한다. 피조물과 구별되시고 영원부터 영원까지 존재하시는 하나님이시다.

(2) 창조주 하나님

우리가 믿는 하나님은 삼위일체 하나님으로 천지 우주 만물을 창조하신 창조주이시다. 그래서 창세기는 "태초에 하나님이 천지를 창조하시니라"(창 1:1)라는 선포로 창조의 역사를 기록하였다. 그렇다. 하나님은 천지와 그 안에 있는 만물을 창조하신 분이다. 우주는 어떤 것인가? 인간의 상상을 초월하는 우주의 광대함은 하나님이 어떤 분이신가를 짐작케 한다. 우리가 사는 지구가 속해 있는 은하를 'Milky Way' 라고 부른다. 이 은하계 한쪽 끝에서 다른 한쪽까지 도달하는데 걸리는 시간은 초당 186,000 마일의 빛의 속도로 10만 년이 걸리는 엄청난 거리라 한다. 은하계에는 1,000억 개의 은하가 있다고 한다. 우리가 매일 보는 태양은 지구에서 가장 가까운 별이라 한다. 우리 인간이 우주를 아는 지식은 4%일 뿐이고 96%의 존재는 모르고 산다는 것이다(안동현 교수, 『이제 우리는 어떻게 살아야 하나』에서 인용 말쿠트 출판 P 241). 이것은 창조주 하나님이 어떤 분이신가를 상상하게 한다. 광대하고 또 완전하고 아름답게 조화를 이루게 하시는 하나님의 창조의 완전성을 믿는다. 이 창조에서도 삼위 하나님의 창조를 보게 된다. 창세기 1장 1절과 2절에서 창조의 선포와 함께 하나님의 신이 수면 위에 운행하심을 본다. 하나님은 말씀으로 세상을 창조하셨다.

"하나님이 이르시되 빛이 있으라 하시니 빛이 있었고 빛이 하나님이 보시기에 좋았더라 … " (창 1:3-4)

그렇다. 생명의 존재와 질서와 역사를 만드는 완전한 빛을 먼저 만드사 모든 존재의 역사를 시작하신 것이다. 바다와 육지를 만드시고 각종 식물과 모든 생물들을 각기 종류대로 만드사 생육하고 번성하는 존재로 완전하게 하셨다. 스스로 모든 것이 정상 작동하여 생존하도록 만드시고 태양과 지구가 아름다운 조화(Harmony)를 이루게 하셨다. 낮과 밤을 만드시고 생명체들이 생육하고 번성하기에 적합하도록 만드셨다. 그리고 인간이 살 수 있는 모든 자연환경을 만드시고 사람을 만드셨다.

> "하나님이 이르시되 우리의 형상을 따라 우리의 모양대로 우리가 사람을 만들고 그들로 바다의 물고기와 하늘의 새와 가축과 온 땅과 땅에 기는 모든 것을 다스리게 하자 하시고"(창 1:26)

사람을 만드시고 복을 주시며 "생육하고 번성하여 땅에 충만하라, 땅을 정복하라, 바다의 물고기와 하늘의 새와 땅에 움직이는 모든 생물을 다스리라"(창 1:28) 하셨다. 하나님을 대신한 자로 자연을 관리하도록 인간에게 위임 권위를 주신 것이다.

그렇다. 하나님은 천지 만물을 창조하시고 모든 것을 인간에게 위임하셨다. 그리고 "보시기에 심히 좋았더라"(창 1:31) 말씀하셨다. 이와 같이 하나님은 천지 만물을 창조하신 창조주이시다.

이 창조의 역사에도 삼위일체 하나님의 동일한 역사를 본다. 요한복음 1장 3절에서 그 아들을 소개할 때에 "만물이 그로 말미암아 지은 바 되었으니 지은 것이 하나도 그가 없이는 된 것이 없느니라" 하시므로 창조자로 그의 아들 예수 그리스도를 소개하고 있다. 뿐만 아니라 예수님은 "보이지 아니하는 하나님의 형상이시요 모든 피조물보다 먼저 나신 이시니 만물이 그에게서 창조되되 하늘과 땅에서 보이는 것들과 보이지 않는 것들과 혹은 왕권들이나 주권들이나 통치자들이나 권세들이나 만물이 다 그로 말미암고 그를 위하여 창조되었다"고 골로새서 1장 15절 16절에서 말씀하고 있다. 이로 보건대 성자인 예수는 창조의 근본이며 세상은 그를 위하여 창조되었음을 알 수 있다. 그렇다. 우리가 믿는 하나님은 삼위일체 하나님으로 우주삼라만상(宇宙森羅萬象)을 완전하게 창조하신 창조주이시다. 그래서 신앙고백의 첫 고백이 "전능하사 천지를 만드신 하나님 아버지를 내가 믿사오며"로 시작된다. 그렇다. 기독교는 천지 만물을 창조하신 하나님을 믿는다.

(3) 섭리(攝理)하시는 하나님

하나님은 우주와 만물을 창조하시되 완전하게 하셨고 완전하게 유지되도록 보존하신다. 천지 간에 있는 모든 보이는 것이나 보이지 않는 것에 질서를 주시고 운행에서 완전하게 창조하셨다. 그리고 창조하신 것마다 각각 종류나 존재에 있어서 목적에 따라 자연스럽게 운행되도록 하셨다. 이것을 '창조의 섭리'라 한다. 인간이 헤아릴 수 없는 수천만 가지의 피조물이 다 그 종류대로 각각의 모양과 존재의 목적이 있는데 그것을 자연스럽게 이루신 분이 하나님이시다. 동물 세계를 보라! 인간들이 알지도 보지도 못하는 수천만 가지의 존재들이 그들만의 방식으로 생존하고 번성하며 그 방식대로 살아가고 있다. 소는 여전히 소이고 비슷하여도 말은 여전히 말로서 존재하며 그들의 방식대로 살아가고 하나님이 만들어주신 방식에 따라 번식하며 생명을 이어가고 있는 것이다. 공중에 나는 새들을 보라! 수천년 전이나 지금이나 동일하게 공중을 날아다니며 먹을 것을 찾고 생존을 하며 그들대로 둥지를 만들고 번식을 하는 것이다. 누가 훈련시킨 것이 아니다. 생명체는 생명체대로, 무생물은 무생물대로 나름의 작용을 하며 이 세상에 존재하고, 우주 만물은 하나님의 창조하신 목적대로 운행되고 있다. 이 세상 모든 만물이 창조의 목적에 따라 그대로 운행되는데, 그렇게 된 것은 하나님의 창조의 능력이요 섭리하시는 하나님의 역사이다. 그래서 히브리서 1장에서 성자 예수 그리스도를 소개하면서 "그의 능력의 말씀으로 만물을 붙드시며" 지금도 하나님 보좌 우편에 계신다고 했다(히 1:3). 뿐만 아니라 골로새서 1장 17절에서도 만물이 그리스도 안에 함께 섰다고 하시므로 삼위 하나님께서 만물을 창조의 목적대로 이루어가심을 말씀하셨다. 그렇다. 하나님은 만물을 충만하게 하시는 분이시다. 그래서 에베소서 4장 10절에서도 예수님이 하늘 위에 계신 것은 "만물을 충만하게 하려 하심이라" 하셨고 만물 위에 자기 몸으로 교회를 세우신 것은 "만물 안에서 만물을 충만하게 하시기 위함이라" 하셨다(엡 1:22-23).

그런데 인간은 모든 피조물과 달리 스스로 창조의 목적을 거스리면서 살고 있다. 또는 하나님의 뜻대로 살아가는 이들도 있다. 인간만이 특별하게 문명을 만들고 세월이 가면서 발전에 발전을 거듭하며 새로운 문명을 만들면서 살고 있는 것이다. 그러나 동식물들에게는 문명이라는 것이 존재하지 않는다. 이는 사람에게만 있는 것으로 앞으로 어떤 세계가 펼쳐질지 가늠하기 어려울 정도로 인간은 고도의 문명을 만들어가고 있다. 이것은 하나님이 인간을 하나님의 형상과 모양으로 만드셨기에 가능한 일이다. 때문에 사람에게는 인격이 있고 인간은 과거와 현재 그리고 미래를 생각하는 존재가 되었다. 하나님께서 창조의 속성을 인간에게 주셨기 때문에 인간은 하나님처럼 생각하고 사랑하고 질투도 하고 새로운 세계를 창조해나가는 것이다. 말씀이신 하나님이 인간에게 말이라는 언어를 주시고 그 말에 능력이 있게도 하시는 것이다. 인간이 인간답게 사는 것은 하나님의 형상으로 지음을 받았기 때문이다. 그렇다. 동물이나 식물들은 발전이나 문화나 변화를 주시지 아니하여서 존재하는 그대로 존재하면서 존재의 목적대로 살다가 없어지는 것이다. 우리가 믿는 하나님은 창조의 하나님으로서 창조하신 모든 세계가 창조하신 그 뜻대로 존재하고 이루어지게 하시는 하나님이시다. 그렇다. 이 세상이 운행되는 과정을 보라. 하나님이 정하신 대로 이루어지는 것을!

"땅이 있을 동안에는 심음과 거둠과 추위와 더위와 여름과 겨울과 낮과 밤이 쉬지 아니하리라" (창 8:22)

천체(天體)계의 모든 것들이 한 치의 오차도 없이 이렇게 돌아가는 것은 섭리하시는 하나님의 창조의 능력이다.

(4) 영원(永遠)하신 하나님

우리가 믿는 하나님은 영원(Eternity)하신 하나님이시다. 시작도 없고 끝도 없으신 하나님, 스스로 존재하시는 분이시다. 출애굽 당시 모세에게 하나님은 "나는 스스로 있는 자라" 하셨다(출 3:14). 하나님은 보이지 않는 분이시며 원하시는 뜻대로 우주 만물을 창조하시고 섭리하시는 영원 불멸의 하나님이시다. 그러시기에 역사와 시간이 흐른다고 변하시는 분이 아니요 여전히 하나님이시다. 비문명과 문명의 시대에 하나님이 다르신 분이 아니요 천체의 원리는 변하지 않고 창조의 뜻에 따라 변함없이 운행하시는 하나님이시다. 그래서 히브리서 기자는 시편 102편 25-26절을 인용하여 성자 예수 그리스도를 이렇게 소개한다.

"또 주여 태초에 주께서 땅의 기초를 두셨으며 하늘도 주의 손으로 지으신 바라 그것들은 멸망할 것이나 오직 주는 영존할 것이요 그것들은 다 옷과 같이 낡아지리니 의복처럼 갈아입을 것이요 그것들은 옷과 같이 변할 것이나 주는 여전하여 연대가 다함이 없으리라 하였으나" (히 1:10-12)

시편에도 "주는 한결같으시고 주의 연대는 무궁하리이다" 하셨다. 그렇다. 성부 · 성자 · 성령 하나님은 영원하신 하나님이시다. 연대에 다 함이 없는 하나님이요 불변의 하나님이시다.

"예수 그리스도는 어제나 오늘이나 영원토록 동일하시니라" (히 13:8)

우리가 믿는 하나님은 영원무궁하신 하나님이다. 이것이 믿음이다.

"믿음이 없이는 하나님을 기쁘시게 하지 못하나니 하나님께 나아가는 자는 반드시 그가 계신 것과 또한 그가 자기를 찾는 자들에게 상 주시는 이심을 믿어야 할지니라" (히 11:6)

2) 하나님 말씀으로서의 성경

(1) 성경은 기록된 말씀

성경은 하나님의 말씀을 기록한 책이다.

그래서 장로교 신앙고백의 첫 출발은 성경 66권을 정확무오한 하나님의 말씀으로 믿느냐? 신앙과 생활에 유일한 법칙으로 믿느냐? 하는데서부터 시작된다. 성경은 기록으로 인간에게 주신 하나님의 말씀이다. 성경 66권이 정경으로 결정되기까지는 여러 가지 조건들이 있었지만, 하나님의 성령의 역사하심에 따라 하나님의 뜻하신 대로 성경 66권이 정당한 하나님의 말씀으로 결정된 것이다. 성경은 구약 39권 그리고 신약 27권으로 신약 성경과 구약 성경으로 구분된다. 구약은 예수 그리스도가 오시기 전 하나님이 이스라엘에게 주신 말씀으로 메시야에 대한 예언으로 구성되어 있고, 신약 성경에는 예수 그리스도의 오심과 세상에 오셔서 메시야로서 활동하신 내용과 부활 승천하신 후의 성령님의 역사가 기록되어 있다.

성경의 기록 기간은 구약 성경은 기원전 1,500여 년과 신약 성경 주후 100여 년에 걸쳐 1,600여 년 동안에 40여 명의 사람들에 의하여 기록되었다. 기록한 사람들은, 구약 성경은 모세를 비롯하여 많은 선지자들이 기록했는데, 여기에는 왕들과 같이 최고의 지적 수준을 가진 사람들이나 권력자들도 있었고, 농업을 비롯하여 각양의 직업을 가진 다양한 사람들이 하나님의 부르심을 받아 기록하였다. 신약 성경은 예수님의 생애를 직접 보고 배운 제자들과 그와 같이한 자들이 그의 생애를 기록한 복음서를 기록하였고, 바울 사도와 같이 하나님의 부르심을 받은 자들이 성령의 감동을 받아 듣고 보고 체험한 사건들을 기록하였다. 이와 같이 예수 그리스도에 대하여 체험하고 감동을 받은 제자들이 성령의 감동으로 기록한 말씀이 바로 성경이다. 그래서 성경은 '기록된 하나님의 말씀'이다. 디모데후서 3장 16절에 "모든 성경은 하나님의 감동으로 된 것으로"라고 하였고 베드로는 "예언은 언제든지 사람의 뜻으로 낸 것이 아니요 오직 성령의 감동하심을 받은 사람들이 하나님께 받아 말한 것임이라"(벧후 1:21)고 기록함으로 성경이 하나님의 말씀인 것을 증언하였다. 구약 성경도 기록한 자들이 자의가 아니라 하나님의 영의 지시를 받아 기록한 말씀이고, 선지자들도 "여호와의 말씀이 내게 임하여 이르시되"(겔 27:1), "여호와께서 말씀하시되"(사 1:18)라고 기록하여 성경이 하나님의 지시와 말씀으로 기록한 것임을 증거하였다. 그러므로 성경의 저자는 하나님이시다. 성경은 기록된 하나님의 말씀이다.

(2) 영감 받은 말씀 (靈感 inspiration)

[1] 영감 받은 말씀 (무오의 말씀)
성경은 하나님의 감동으로 기록된 정확무오한 하나님의 말씀이다. 그렇다. 하나님의 말씀은 오류가 없는 무오의 말씀이다. 왜냐하면 전지전능하신 하나님이 저자이시기에 오류가 있을 수 없다. 역사 속에서 성경을 기록한 사람들은 신분이나 직업이 다 다르고 지적 능력도 다르다. 또 각자 처한 시대 상황이나 문화도 다르다. 그래서 하나님은 그 시대에 따라 그리고 문화에 따라 영감을 주시고 예언하고 선포하게 하셨다. 또 그 사람들의 직업이나 신분 그리고 그 사람의 지식 수준에 맞는 영감을 주시고 선포하게 하시고 기록하게 하셨다. 그래서 성경은 다양한 배경이 있고 문화가 다른 사건과 이야기들이 있다. 그러나 하나님은 그 시대와 선지자들이나 저자들의 특성을 살려서 하나님의 뜻을 기록하게 하셨다. 그러므로 다양한 것 같지만 성경은 하나의 통일성을 이루고 있다. 이것이 하나님의 영감의 증거이다 그래서 바울은 디모데후서 3장에서 "모든 성경은 하나님의 감동으로 된 것이라"(딤후 3:16) 하였다. 성경 영감설에도 학자들마다 여러 견해가 있으나 우리는 모든 성경을 하나님의 영감으로 기록된 말씀으로 믿는다.

[2] 살아 있는 말씀

성경의 특성은 과거에 기록된 말씀이지만 지금도 동일하게 우리에게 주시는 말씀이 된다는 것이다. 과거의 주신 말씀이 아니라 시대와 상황에 따라 믿는 사람들 각자 개인에게 주시는 말씀이 된다는 것이다. 왜냐하면 성경에 기록된 말씀은 하나님의 감동(영감)으로 기록되었기 때문이다. 디모데후서 3장 16절의 '감동'(inspiration)이란 단어에는 'breathe'(숨쉬다, 살아있다, 호흡하다)의 의미가 있다. 이것은 성경의 말씀 안에 '하나님의 숨결', '살아있는 생기'가 있다는 말이다. 그렇다. 성경은 살아있는 하나님의 말씀으로 현존하는 것이다. 그래서 말씀에 하나님의 영인 성령이 함께하시는 것이다. 그래서 말씀을 듣는 순간에 말씀의 역사가 일어나는 것이다. 이것을 기적이라 하는데, 이것은 살아있는 말씀의 역사이다. 히브리서 기자도 4장 12절에 "하나님의 말씀은 살아 있고 활력이 있어"라고 하였다. 생명은 생명력이 있어서 활동을 하게 된다. 그러므로 성경의 말씀은 '살아있는 말씀'이다. 그래서 우리에게 그 말씀이 들려질 때에 성경에 있는 사건들을 삶의 현장에서 체험하게 되고 이 체험을 통하여 인생의 가치관이나 운명이 바꾸어지는 역사가 일어난다. 성경은 기록된 하나님의 말씀으로 그 속에 영감이 있어 지금도 여전히 하나님의 말씀으로 우리에게 주어지는 것이다.

[3] 진리의 말씀

성경은 진리의 말씀이다. 진리는 언제나 하나일 뿐이다. 이 세상에는 수많은 종류의 책들이 있다. 각자가 살아가는 방식이 있고 자기들 나름의 철학적 주장도 있고 종교적 가치들도 있지만 진리는 언제나 하나이다. 그래서 성경을 '오직 하나의 책'이라 한다.

안동현 교수(前 호서대 교수, 시카고 거주)는 성경을 '하나님이 주신 인생의 진리'라고 말했다. 그 속에 하나님의 마음이 있기 때문에 인간이 그 말씀대로 살면 인생을 성공적으로 살 수 있다고 하였다.

성경에 기록된 말씀은 진리이다. 왜냐하면 하나님의 영감으로 기록된 말씀이요 그 속에 하나님의 의도가 들어있고 생명이 들어있어 하나님의 역사가 나타나기 때문이다. 진리는 오직 하나이다. 수많은 책들이 있으나 구원을 얻고 영생하며 하나님과 함께 영원의 세계에서 영생하는 길은 오직 성경에 기록된 대로 믿고 사는 길밖에 없다.

성경은 성경 그 자체가 진리인 것을 말하고 있다. 예수님도 요한복음 17장 17절에서 "아버지의 말씀은 진리니이다"라고 하셨고, 뿐만 아니라 말씀이 육신이 되어 오신 예수님 자신이 "내가 곧 길이요 진리요 생명이라"고 증거하셨다. 구약 성경에도 다윗은 하나님의 말씀은 "내 발에 등이요 내 길에 빛이니이다" 하였으며, 시편 119편 43절에도 말씀을 "진리"라 하였을 뿐 아니라 시편 31편 5절에서는 하나님을 "진리"라고 하였다. 성경은 예수님을 "진리"라고 하고 "빛"이라고도 하여 빛과 진리의 하나됨을 말하고 있다. 예수님은 진리이며 생명의 빛이시다. 요한복음 1장 4절에서도 예수님은 자기를 가리켜 "사람들의 빛"이라 하였고, 세례요한은 예수님을 "참 빛"이라고 증거하였다. 예수님은 친히 자신에 대해 말씀하시기를, "나는 세상의 빛이니 나를 따르는 자는 어둠에 다니지 아니하고 생명의 빛을 얻으리라"(요 8:12) 하셨다. 그렇다. 성경은 기록된 하나님의 말씀으로 진리요 길이요 생명이다. 골로새서 1장 5절에서도 복음을 "진리의 말씀"이라고 하셨다. 그렇다. 성경은 하나님께서 우리에게 주신 진리의 말씀이다. 그러므로 말씀대로 믿고 말씀대로 사는 것이 길이요 구원이요 거룩한 영생에 들어가는 길이다.

3 _ 거룩한 공회 (교회 Church)

1) 교회란 무엇인가

교회란 하나님의 예정된 작품으로 하나님의 선택과 부르심으로 모여진 예배의 공동체이다. 그래서 교회를 구약 시대나 신약 시대를 통틀어 '에클레시아' (Eccleia), 즉 '불러낸 무리' 라고 부른다. 칼뱅은 교회는 하나님의 선택으로 부르심을 받은 백성들의 예배공동체라고 하였다. 그렇다. 세상에서 하나님의 부르심을 받고 믿음으로 예수 그리스도의 십자가의 구속으로 그리스도와 연합한 성도들이 모여서 하나님께 예배하기 위하여 모인 공동체가 교회이다. 그래서 성경은 교회를 "그리스도의 몸"이라 하였다. 총신대학원 서철원 교수는 그의 교회론에서 교회는 하나님의 부름받은 사람들이 그리스도와 연합함으로 교회가 된다고 하였다. 또한 이 연합은 성령께서 그리스도와 연합하게 하시고 지체가 되게 하사 그리스도의 일을 하게 하시며 내재하여 계심으로 성전이 되게 하신다고 하였다. 그리스도와 연합한 자만이 성령이 내주하시고 연합은 해체되지 않는다. 이것은 불가항력적이고 주권적인 은혜이다. 이와 같이 서철원 교수는 교회가 그리스도의 몸이 되는 것은 하나님의 주권적 은혜라고 주장하였다.

> "또 만물을 그의 발 아래에 복종하게 하시고 그를 만물 위에 교회의 머리로 삼으셨느니라 교회는 그의 몸이니 만물 안에서 만물을 충만하게 하시는 이의 충만함이니라" (엡 1:22-23)

그렇다. 예수 그리스도는 교회의 머리이시다. 그리고 교회는 그의 몸이요 지체이다. 그러므로 모든 주권은 그리스도에게서 나오고 교회는 그의 뜻을 따라 살아가야 한다. 이로써 거룩한 공회가 되는 것이다. 우리는 대개 보이는 어떤 형체의 모습만을 말하는데 교회는 어떤 보이는 건물이나 단체를 말하지 않는다. 그래서 교회를 두 가지로 구분한다. 즉 '보이는 교회'와 '보이지 않는 교회' 이것을 칼뱅은 '가견적 교회'와 '불가견적 교회'라 하였다. 즉 '유형의 교회'와 '무형의 교회'를 의미 한다. 뿐만 아니라『기독교 강요』4권 〈교회론〉에서는 교회를 '하나님이 우리를 그리스도의 연합체에 초청하시고 그 안에 머물러 있게 하시는 외적인 방편과 도움'이라고 정의하였다. 그러므로 보이는 교회의 중요성을 강조하였다.

보이는 교회와 보이지 않는 교회

우리가 흔히 어떤 지역의 건물과 모이는 무리들을 '유형의 교회'라 한다. 그러나 여기서 말하는 참 교회는 이 둘을 다 포함하면서 온전한 교회, 즉 보이지 않는 거룩한 교회인 '무형의 교회'를 말한다. 이 거룩한 교회는 그리스도의 몸으로 지체가 되고, 성령의 내주로 인도를 받고, 구원의 기쁨을 누리고, 감사로 예배와 세상에서의 사명을 다하는 '세상의 교회'와 '천상의 교회' 모두를 의미한다. 과거와 현재의 천상의 교회는 세상의 죄의 세력에서 승리하는 거룩한 교회를 다 포함한다. 세상에 있는 무형의 교회는 인간의 판단으로 알 수 있는 것이 아니요, 말씀과 성령으로 거듭나서 그리스도의 몸이 되고 성령이 내주하여 계시는 자들로 이루어진 교회이므로 하나님만 아시는 것이다.

세상의 보이는 교회는 '전투적 교회' 라고도 한다. 세상의 공중 권세 잡은 마귀와 세상의 권세와 항상 싸워야 하고, 보이는 교회 내에는 아직 성령으로 거듭나지 못한 자들이 함께 있으므로 말씀대로 살지 못하게 되니 내적으로도 갈등이 생기게 된다. 그러나 보이는 교회생활을 통하여 보이지 않는 무형의 교회가 만들어져 가는 것이다. 그래서 칼뱅은 교회를 어머니로 표현하였다. 예수 그리스도를 알고 믿음으로 거듭나서 양육을 받는 곳이 교회이기에 어머니로 표현하였다. 그렇다. 보이는 교회 생활을 통해서 불신앙의 사람들이 믿음을 가지게 되고 말씀과 성령으로 거듭나는 일이 보이는 교회를 통하여 이루어지게 된다.

교회의 사역 (기능)

보이는 교회에서 보이지 않는 교회를 세워가는 과정으로 교회는 기본적으로 해야 할 사역이 있다.

(1) 예배

교회의 가장 기본적 사역은 예배이다. 구약 시대는 성전에서 의식에 따라 제사를 드림으로 하나님과의 교통이 있었으나, 신약 시대는 감사와 기쁨으로 드리는 축제의 예배가 있다. 예배는 영원히 저주 아래서 멸망 받을 인생을 독생자 예수 그리스도의 성육신과 십자가의 희생으로 구원하여 주시고 하나님의 자녀 삼으시고 천국의 후사가 되게 하신 무한의 사랑에 감사·감격하여 드리는 것이다. 예수님이 부활 승천 하신 후에 마가 요한 다락방에서 모이기 시작한 교회는 오순절 성령강림하심으로 본격적으로 뜨겁게 부활의 주님을 찬양하며 예배를 드리게 된 것이다. 그러므로 교회는 예배의 기쁨과 감사가 넘치는 축제가 되어야 하고, 때로는 회개의 시간이 되어야 한다. 그래서 예수님도 "영과 진리로 예배하라"고 하셨다. 물론 예배는 형식적으로만 드리는 것이 아니라 우리의 삶 속에서 이루어져야 한다.

> "그러므로 형제들아 내가 하나님의 모든 자비하심으로 너희를 권하노니 너희 몸을 하나님이 기뻐하시는 거룩한 산 제물로 드리라 이는 너희가 드릴 영적 예배니라 너희는 이 세대를 본받지 말고 오직 마음을 새롭게 함으로 변화를 받아 하나님의 선하시고 기뻐하시고 온전하신 뜻이 무엇인지 분별하도록 하라" (롬 12:1-2)

(2) 전도 (선교, Evangelism)

교회가 복음을 전파해야 하는 일은 마땅한 일이다. 너무나도 귀하고 복된 소식을 많은 사람에게 전해야 하는 것은 받은 자의 의무요 사명이다. 뿐만 아니라 전도와 선교는 예수님의 지상 명령이요 하나님의 뜻을 이루어드리는 교회의 의무이기도 하다. 이로 인하여 많은 사람들이 구원에 이르는 기회가 되고 하나님 나라를 세워가는 하나님의 사역의 동역자가 되기도 한다. 이는 영혼을 사랑하는 마음, 긍휼히 여기는 마음을 실천하는 것이요 세상을 위한 최고의 선한 일이 된다. 전도와 선교야말로 가장 아름답고 선한 일로 하나님을 가장 기쁘시게 하는 일이다(행 1:8; 마 28:18-20; 막 16:15).

(3) 교육 (Education)

교회는 어머니로서 신자들을 양육하는 사명을 가지고 있다. 예수님도 "가르쳐 지키게 하라" 하셨고, 친히 예수님이 선생님이셨다. 하나님에 대하여, 하나님 나라에 대하여 부활 승천하시기 전까지 성령으로 가르치셨다. 그렇다. 교회는 가르치고 배우는 곳이다. 초대교회 시대부터 지금까지 그러했던 것처럼 교회는 하나님의 말씀으로 하나님을 가르치고 믿음을 가르치고 생활을 가르쳐서 하나님의 사람으로 온전하게(딤후 3:17) 해야 한다. 즉 가르치는 일과 배우는 일을 소홀히 해서는 아니된다. 교회는 신자 한 사람 한 사람이 온전한 그리스도인이 되고 그리스도의 성품에 이르도록 교육하는 일을 잘해야 한다. 그리스도의 몸 된 교회가 세상에 그리스도를 나타내기 위하여 이 일에 최선을 다해야 한다.

(4) 섬김 (봉사, Serving)

교회는 하나님의 무한의 사랑을 받고 그 사랑으로 모인 무리이다. 예수님은 율법을 완성하시고 새 계명을 주셨다. "내가 너희를 사랑한 것 같이 너희도 서로 사랑하라"(요 13:34) 교회는 이 사랑을 세상에 알리고 전달하는 사명을 받았다. 성도간의 사랑도 사랑이지만 교회는 세상을 사랑해야 한다. 교회는 하나님께로부터 받은 사랑을 세상에 주어야 한다. 사랑은 주는 것이라 했듯이 교회는 세상에 봉사 · 섬김 · 긍휼 · 하나님의 무조건적 사랑을 주어야 한다. 예수님의 십자가의 죽으심의 사랑을 세상에 주어야 한다. 예수님은 "너희는 세상의 소금이라, 빛이라" 하셨다. 교회는 세상에 소금이 되고 빛이 되어야 한다. 하나님이 교회에 성령을 부어주신다. 성령의 능력으로 세상에 소금이 되고 빛이 되어야 한다. 이 사명을 못하는 교회의 운명은 비참해진다.

> "너희는 세상의 소금이니 소금이 만일 그 맛을 잃으면 무엇으로 짜게 하리요 후에는 아무 쓸 데 없어 다만 밖에 버려져 사람에게 밟힐 뿐이니라 너희는 세상의 빛이라 산 위에 있는 동네가 숨겨지 못할 것이요 사람이 등불을 켜서 말 아래에 두지 아니하고 등경 위에 두나니 이러므로 집 안 모든 사람에게 비치느니라 이같이 너희 빛이 사람 앞에 비치게 하여 그들로 너희 착한 행실을 보고 하늘에 계신 너희 아버지께 영광을 돌리게 하라" (마 5:13-16)

교회가 존재하고 있는 사실을 그 지역과 사회에서 느껴야 한다. 빛은 숨기우지 못한다. 어두운 이 세상에 희망의 빛이 되어야 한다. 교인들은 그리스도의 몸으로서 있는 자리에서 그리스도를 보여주는 등불이 되어야 한다. 그리스도의 마음을 가지고 모두에게 사랑의 빛 진자같이 거짓이 없는 진선미의 사랑을 실천해야 한다. 그래서 사람들이 교회를 느끼게 해야 한다.

(5) 교제 (사귐, socialize)

교회는 그리스도의 몸으로 서로 지체가 된다. 그러므로 각 분야에서 봉사하지만 실상은 하나의 교회를 세워가는 것이다. 고린도전서 12장에서 성령의 은사와 직분에 대하여 말할 때에 '한 주님' 그리고 '한 성령'이 각각 분량대로 은사도 직분도 주셨다고 말한다. 그래서 서로 합력하여 하나의 거룩한 교회를 세워가는 것이다. 세상의 교회는 보편성을 가지고 있다. 보이는 여러 개의 교회가 있지만 하나의 교회이다. 우리가 믿는 하나님은 다같은 '한 분 하나님'이요 '하나의 믿음'과 '하나의 소망'이 있을 뿐이다. 그래서 교회는 서로 연합하고 교제하며 하나의 교회를 세워가는 거룩한 공동체이다.

2) 교회의 특성 (에클레시아)

교회는 이 세상의 어떤 모임이나 회중이 아니고 '에클레시아' 로서의 특성이 있다. 칼뱅이 말한 대로 하나님의 선택과 부르심에 의한 예배 공동체이기에 하나님의 세우심에 의한 특성이 있다.

(1) 교회의 보편성 (Universality)

세상에는 여러 형태의 교회가 있다. 교리와 형식에 차이가 있어서 각각 주장하다보니 교단이 형성되고 각각의 다른 이름을 갖게 되었다. 장로교회, 감리교회, 성결교회, 침례교회 등. 그러나 이들의 신앙고백은 하나이며 동일하게 그리스도의 몸으로서 교통한다. 또한 지역마다 교회가 있다. 객체로서의 교회이지만 영적으로는 하나의 믿음, 한 분 삼위일체 하나님, 동일한 성경을 가지고 있다. 이러므로 세계의 교회는 다같은 신앙의 가치를 가지고 있어서 교통하며 하나님의 뜻을 이루기 위해 협력하는 보편적 교회이다. 전도 · 선교 · 구제 · 봉사 등 하나님의 뜻을 이루기 위하여 합력하는 하나의 보편적 교회를 이루고 있다.

(2) 교회의 사도성 (Apostolic)

교회는 독특성이 있다. 모여서 예배하는 것으로의 교회 뿐 아니라 세상에 보냄을 받은 교회로서의 특성도 가지고 있다. 예수님께서 열두 제자들을 선택하시고 훈련하신 후에 세상에 파송하실 때 사도로 명하셨다(마 10:2). 교회는 세움을 받고 또 흩어지는 속성을 가지게 된다. 받은 바 은혜를 세상으로 가지고 가서 전해야 하는 사명이다. 이것을 '흩어지는 교회' 라 한다. 즉 '모이는 교회' 에서 '흩어지는 교회' 이다. 사명을 가지고 세상에 파송되는 것이다. 그래서 교회들이 흩어져 있는 곳이 또 교회가 되고, 하나님의 보냄을 받은 신자는 자기 사명을 다하게 되므로 세상을 변화시키는 거룩한 교회가 되는 것이다. 이것은 가정을 비롯하여 사회 각 분야에 적용해야 할 교회의 사명이다.

(3) 교회의 거룩성

교회는 세상 속에 있으면서도 세상과 다른 속성을 가지고 있다. 그것이 거룩이다. 이 거룩은 피조물인 세상에서는 적용하기 어려운 말이다. 창조주 하나님의 존귀를 표현할 때 거룩이라는 말을 한다. 그래서 하나님이 세운 교회도 하나님께 적용되는 거룩이라는 말을 사용하는데, 교회는 이 거룩을 세상에 보여주어야 하는 사명이 있다. 모이는 교회와 흩어지는 교회에서 세상과 다른 거룩을 보여주어야 한다. 구제와 봉사와 헌신의 사랑을 실천함에도 세상의 상대적인 차원과 다르게 해야 한다. 하나님의 무조건적 무한의 사랑을 받은 교회는 그 사랑을 가정과 사회에서 보여주고 그 사랑을 주어야 한다. 거룩이나 경건은 어떤 형식이나 모양이 아니다. 우리의 삶의 현장에서 세상이 이해할 수 없는 무조건적인 하나님의 거룩한 사랑을 이루어가는 것이 교회이다. 교회는 이 하나님의 거룩성을 회복해야 한다.

우리는 예수 그리스도께서 이 땅에 오셔서 인간의 죄를 담당하시고 십자가에 죽으심으로 이루어진 거룩한 교회를 믿고 거룩한 교회를 세워가야 한다.

4 _ 종말에 대한 신앙

1) 종말 (Eschatology)

기독교는 종말에 대한 신앙이 있다. 반드시 이 세상은 끝이 있다는 것이다. 이는 개인적 종말이나 우주적 세상의 종말을 의미한다. 개인에게도 종말이 있고 이와 같이 세상의 종말 또한 있음을 믿는다. 그런데 이 두 가지 종말, 즉 개인적 종말과 우주적 · 세상적 종말을 기독교는 함께 이어가는 종말로 보는 것이다. 개인적 종말은 개인의 죽음으로 끝나는 것 같지만 세상의 종말과 함께 개인의 최후 종말로 연결된다. 그것은 세상의 종말이 예수 그리스도의 재림과 성도들의 부활과 심판과 영원한 천국으로 연결되기 때문이다. 전도서 3장의 말씀처럼 세상은 시작이 있으면 끝이 있다. 히브리서 9장 27절 말씀처럼 "한 번 죽는 것은 사람에게 정해진 것이요 그 후에는 심판이 있으리니" 하셨다. 또한 우리 죄를 담당하신 그리스도께서 "죄와 상관 없이 자기를 바라는 자들에게 두 번째 나타나시리라"(히 9:28)는 말씀으로 종말이 연결된다.

2) 예수 그리스도의 재림

예수 그리스도의 재림과 함께 이 세상은 끝이 나고 성도들은 부활하여 그리스도와 함께 영광 중에 영원히 영생하게 되는 것이다.

성경은 하나님과 인간과의 언약, 즉 약속의 책이다. 여기서 구약 성경은 메시야의 약속이다. 그 약속대로 예수 그리스도가 강림하셨다. 이 것을 '초림'이라고 한다. 하나님이 육신을 입고 인간을 구원하시기 위하여 오신 것이다(성육신, Incarnation). 이것은 인간을 구원하고자 하시는 하나님의 무한하신 사랑의 증거였다. 구약 성경의 약속대로 메시야로서 인간이 해결할 수 없는 죄와 저주의 문제를 해결하시기 위해 십자가의 죽으심으로 속죄의 제물이 되사 단번에 영원한 속죄를 이루셨고 죄와 저주로부터 인간을 구원해주셨다. 그래서 인간이 죄로 인하여 불행하게 살던 모든 불행의 사건들을 해결하셨다. 육신으로 계실 때에도 이를 증명하시기 위하여 눈먼 자, 눌린 자, 포로된 자들에게 자유를 주시고 죽은 자를 살리시며 하나님이 보내신 메시야의 사역을 하셨다.

이와 같이 초림하신 예수 그리스도는 십자가의 죽으심으로 구원의 완성을 이루시고 부활하사 하늘로 승천하셨다. 그리고 구원 받은 자와 함께 다시 영원한 구원의 영광을 위하여 다시 오시겠다고 약속하셨다. 구약 성경이 메시야 약속인 것처럼 신약 성경은 우리를 구원하신 그리스도께서 영원한 구원의 완성을 위하여 세상 끝날에 다시 오신다는 약속이다. 그래서 예수 그리스도의 이 두 번째 오심을 '재림'이라 한다. 그렇다. 신약 성경은 새 약속으로 다시 오신다는 약속의 책이다. 신약 성경은 마태복음에서부터 요한계시록까지 구원하신 예수님이 영광 중에 다시 오신다는 말씀으로 가득 차있다. 예수님 자신이 친히 다시 오심에 대하여 복음서마다 말씀하셨다(마 24장; 막 13장; 눅 21장) 뿐만 아니라 예수님을 보지도 못했던 바울 사도가 성령의 감동으로 기록한 말씀을 보면 재림, 즉 다시 오심에 대한 말씀으로 가득 차 있다. 특히 데살로니가전서는 전체가 다 재림에 대한 말씀으로 되어 있다. 제자였던 베드로는 더 적극적으로 그리스도의 재림을 말하고 있는데, 그리스도의 재림은 곧 세상의 끝이 된다는 것이다. 구체적으로 예수님이 재림하실 때 세상은 뜨거운 불에 다 녹아버린다고 하였다. 그래서 그리스도의 재림과 세상 끝을 동일시하고 있다.

"이제 하늘과 땅은 그 동일한 말씀으로 불사르기 위하여 보호하신 바되어 경건하지 아니한 사람들의 심판과 멸망의 날까지 보존하여 두신 것이니라"(벧후 3:7)

"그러나 주의 날이 도둑 같이 오리니 그 날에는 하늘이 큰 소리로 떠나가고 물질이 뜨거운 불에 풀어지고 땅과 그 중에 있는 모든 일이 드러나리로다 이 모든 것이 이렇게 풀어지리니 너희가 어떠한 사람이 되어야 마땅하냐 거룩한 행실과 경건함으로 하나님의 날이 임하기를 바라보고 간절히 사모하라 그 날에 하늘이 불에 타서 풀어지고 물질이 뜨거운 불에 녹아지려니와 우리는 그의 약속대로 의가 있는 곳인 새 하늘과 새 땅을 바라보도다"(벧후 3:10-13)

이와 같이 그리스도의 재림과 세상의 종말을 같이 보고 있다. 그러므로 그리스도의 재림은 세상의 종말이요 구원받은 성도에게는 완전한 구원의 날이다. 성경 전체의 결론은 요한계시록이다. 요한계시록은 세상 종말에 있을 사건들을 사도 요한에게 하나님께서 계시로 보여주신 말씀이다. 이 계시의 말씀이 시작되며 1장 7절에 재림의 장면이 묘사되고 있다. "볼지어다 그가 구름을 타고 오시리라 각 사람의 눈이 그를 보겠고 그를 찌른 자들도 볼 것이요 땅에 있는 모든 족속이 그로 말미암아 애곡하리니 그러하리라 아멘"으로 시작하여 종말에 있을 사건을 계시하여 주시고 결론은 "이것들을 증언하신 이가 이르시되 내가 진실로 속히 오리라 하시거늘 아멘 주 예수여 오시옵소서 주 예수의 은혜가 모든 자들에게 있을지어다 아멘"(계 22:20-21)으로 끝을 맺는다. 이것이 요한계시록의 결론이요 신약 성경과 구약 성경의 결론이다. 기독교는 이와 같이 예수 그리스도의 재림을 믿으며 세상의 종말이 이 재림과 함께 이루어질 것을 믿는다.

3) 부활 (復活 Revive)

세상 종말과 함께 있을 부활은 그리스도인들의 최고의 소망이요 믿음이다. 부활을 죽은 자가 다시 사는 것으로만 생각하는데 성경에서 말하는 부활은 다르다. 부활은 예수님께서 재림하실 때 세상이 끝나며 죽은 자는 다시 살아나고 살아있는 자는 변화되어 영원히 죽지 않고 사는 것을 의미한다. 그래서 바울은 그리스도의 재림과 부활을 하나님의 비밀이라고 하였다.

"보라 내가 너희에게 비밀을 말하노니 우리가 다 잠 잘 것이 아니요 마지막 나팔에 순식간에 홀연히 다 변화되리니 나팔 소리가 나매 죽은 자들이 썩지 아니할 것으로 다시 살아나고 우리도 변화되리라 이 썩을 것이 반드시 썩지 아니할 것을 입겠고 이 죽을 것이 죽지 아니함을 입으리로다" (고전 15:51-53)

그리스도의 재림과 함께 부활하여 "공중에서 주를 영접하게 하시리니 그리하여 우리가 항상 주와 함께 있으리라"(살전 4:17) 하였다. 이것

을 기독교에서는 '공중 혼인잔치' 라 한다. 혼인잔치가 끝나면 요한계
시록 21장에서부터 나오는 하나님이 예비하신 새 하늘과 새 땅에서
하나님 아버지를 모시고 영원한 영광 가운데 영생을 누리게 된다. 이
것이 기독교의 종말 신앙이다. 종말에 대해 학자들마다 여러 가지 설
이 있다. 전(前)천년설이니 후(後)천년설이니 하는 것들이 있다. 그런 것
은 학설이기에 크게 관심가질 것은 없다. 세상의 종말과 그리스도의
재림 그리고 성도의 부활과 함께 하나님이 예정하신 새로운 영원의
세상으로 들어가서 영생하게 되는 것이다. 그러므로 이것을 바라보고
살아가는 신앙인의 삶이 하나님의 뜻에 가장 합당한 삶이기에 우리는
선하고 의롭게 말씀대로 살아가기를 힘쓰는 것이다.

제 12 장 _ 기독교 신앙의 본질(本質)

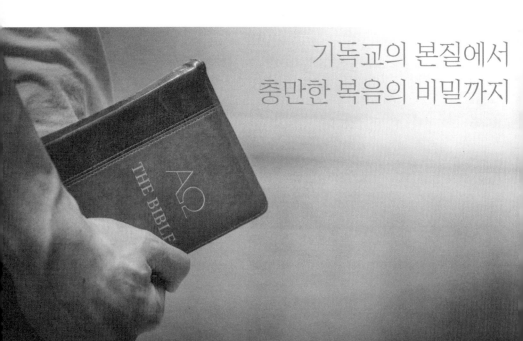

기독교의 본질에서
충만한 복음의 비밀까지

기독교 신앙의 본질(本質)

1 _ 거듭남 (Be born again)

거듭남, 즉 중생이라는 신앙적 사건은 기독교 신앙의 가장 중요한 핵심이고 출발이 된다. 자신이 기독교인이라 말을 하여도 아직 중생의 변화가 없는 사람은 보이는 교회의 일원일 뿐 그리스도인이라고 신앙을 인정할 수가 없는 것이다. 진정한 신앙은 거듭남, 즉 중생이라는 과정을 거쳐서 새로운 인생으로 살아가는 것이다. 그러므로 기독교 신앙의 출발은 중생이다. 이 중생으로부터 기독교 신앙인으로 살아갈 수가 있는 것이다. 필자는 이것을 쉽게 하기 위하여 두 가지, 즉 '영접'과 '중생'으로 간단하게 설명하고자 한다.

1) 영접

성경은 '영접'과 '믿음'을 하나로 설명한다. 요한복음 1장 11절과 12절에서 예수님을 소개하면서 "자기 땅에 오매 자기 백성이 영접하지 아니하였다"고 했다. 그러나 "영접하는 자 곧 그 이름을 믿는 자들에게는 하나님의 자녀가 되는 권세를 주셨다"고 하였다. 여기서 영접이라고 하는 말은 '시인한다', '인정한다', '믿는다'라는 의미를 가진다. 그렇다. 신앙은 발견이다. 예수가 누구인가를 발견하고 그 사실을 인정하고 믿는 것이다. 예수 그리스도는 하나님의 아들로서 메시야이며 만왕의 왕이요 만주의 주가 되시며 내 인생의 구세주인 것을 인정하고 믿음으로 받아들이는 것이다. 받아들인다는 것은 내 인생의 구주(Savior)로, 주인(Lord)으로, 다시 말하면 내 인생의 왕으로 받아들이고 나는 주인되시는 예수 그리스도의 뜻을 따라 살아가기로 결심하는 것이다. 그러므로 예수 그리스도를 내 인생의 주인으로 모셔들이고 내 인생은 그의 종으로 살아가는 것이다. 이것을 믿음이요 영접이라 할 수 있다.

2) 거듭남 (중생)

중생은 다시 태어나는 것이다. 원래 성경적인 의미의 거듭남(Born again)은 '위로부터 나는 것'이라 하여 하나님께 근본을 두게 된다. 그래서 이들을 "하나님께로부터 난 자들"이라 하였다(요 1:13). 옛 사람인 육의 사람이 죽고 영적인 사람으로 다시 태어난다는 의미가 있다. 세례(침례)의 진정한 의미는 우리의 옛 사람이 십자가에서 우리 죄를 대속하여 죽으신 예수 그리스도와 함께 죽고 예수 그리스도의 새로운 생명으로 살아나는 것을 의미한다. 그러므로 우리는 세례를 받을 때에 옛 사람이 죽는 것이다. 그리고 예수의 생명, 즉 영원한 생명으로 다시 살아서 옛 사람이 아닌 새 사람으로 살아가게 되는 것이다. 바울은 그래서 고린도후서 5장 17절에서 이렇게 선언한다.

"그런즉 누구든지 그리스도 안에 있으면 새로운 피조물이라 이전 것은 지나갔으니 보라 새 것이 되었도다"

이는 실로 신비로운 사건이다. 그래서 그리스도인이 새 사람이 되는 것이다. 가치관이 바뀌게 되고 사고 방식과 사는 방식이 달라진다.

중생, 즉 거듭남이 없이는 천국에 들어갈 수 없다. 요한복음 3장에서 바리새인 니고데모에게 예수님은 자세히 설명하셨다. 심지어 거듭나지 않으면 천국에 들어가지 못할 뿐 아니라 볼 수도 없다고 하셨다.

중생, 즉 거듭남으로 인하여 육체의 어떤 변화를 가져오는 것이 아니다. 동일한 육체이나 그의 속사람이 바뀌니 생활과 방식도 바뀌는 것이다. 그래서 예수님은 요한복음 3장 8절에서 이를 바람에 비유하여 설명하셨다.

"바람이 임의로 불매 네가 그 소리는 들어도 어디서 와서 어디로 가는지 알지 못하나니 성령으로 난 사람도 다 그러하니라"

보이는 육체에는 아무 변화가 없는데 그 사람의 생활에서 변화된 증거가 나타난다는 것이다. 그러므로 기독교 신앙의 본질은 '중생'(거듭남)으로 이루어지는 것이다.

2 _ 신앙의 본질

1) 연합과 하나

중생의 결과는 연합이요 하나가 되는 것이다. 이것이 신앙이요 기독교 신앙의 본질이다(롬 6:3-6). 그리스도와 연합함으로 십자가에서 함께 죽는 것이요 그의 살으심과 함께 새 생명으로 사는 것이다. 그 생명은 과거의 내 것이 아니요 그리스도의 생명이다. 이 생명이 내 인생을 살아가는 주체가 되는 것이다. 그래서 예수님은 친히 요한복음 15장에서 "나는 포도나무요 너희는 가지라" 하심으로 그리스도와 우리의 관계에서 주체는 그리스도이심을 말씀하셨다. 이것이 신앙의 기본 원리이다. 일반 종교가 그 가르침을 따르고 교훈을 받아 살아가려고 노력하는 것이라면, 기독교는 '이루어 놓으신' 하나님의 섭리 가운데 '그리스도 안에서' 이루어져 가는 것이다. 그래서 예수님께서 요한복음 15장 5절에서 "나는 포도나무요 너희는 가지라 그가 내 안에, 내가 그 안에 거하면 사람이 열매를 많이 맺는다"고 하신 것이다. 그렇다. 그리스도가 내 안에 내가 그리스도 안에 있는 것이다. 나무와 가지는 하나이다. 뿌리로부터 나무가 되고 가지가 나와 열매에 이르게 하시는 것이다.

이것이 기독교 신앙의 본질이다. 여기서부터 신앙의 생활이 이루어지는 것이요 여기서부터 신앙을 체험하게 되는 것이다.

"너희가 내 안에 거하고 내 말이 너희 안에 거하면 무엇이든지 원하는 대로 구하라 그리하면 이루리라" (요 15:7)

이 말씀대로 그리스도와 연합하여 하나가 될 때 하나님이 원하시는 열매들을 맺어가는 것이다.

2) 하나가 되는 원리

신앙은 그리스도를 영접하므로 연합하여 하나가 되는 것이다. 이를 위하여 예수님은 십자가를 지셨고 하나됨을 위하여 하나님은 창세 전에 예정하시고 그 뜻을 이루시기 위하여 그리스도는 성육신하셨다(마 1:23; 엡 1:3-6). 예수님이 이 세상에 오신 목적은 이 하나님의 뜻을 이루시기 위함(요 6:38)이라고 말씀하셨다. 그래서 십자가를 앞에 놓고 예수님께서 하신 마지막 기도는 이것이었다.

아버지여 창세 전에 내가 아버지와 함께 가졌던 영화로써 지금도 아버지와 함께 나를 영화롭게 하옵소서 … 아버지여 아버지께서 내 안에, 내

가 아버지 안에 있는 것 같이 그들도 다 하나가 되어 우리 안에 있게 하
사 세상으로 아버지께서 나를 보내신 것을 믿게 하옵소서" (요 17:5, 21)

그렇다. 신앙은 예수 그리스도와 내가 하나가 되는 것이다.

그런데 연합은 둘이 아니라 하나가 되는 것이다. 그래서 하나는 없
어져야 한다. 그래서 옛 사람, 즉 "구습을 따르는 옛 사람을 벗어버리
라"고 하셨다(엡 4:22). 이제 우리는 "하나님을 따라 의와 진리의 거룩함
으로 지으심을 받은 새 사람을 입으라"(엡 4:24)는 것이다.그러기 위하
여 육신의 사람, 감정과 이성으로 살아가는 자기를 포기해야 하는 것
이다. 포기한다는 것은 예수 그리스도와 함께 십자가에서 죽고 완전
히 장사지낸 바 되어 그리스도의 사람으로 다시 살아나야 한다는 것
이다(롬 6:4). 오직 내 안에 계신 주님(성령)이 내 생애를 통하여 하나님의
뜻을 이루어가는 과정이다. 그래서 갈라디아서 5장에서는 이를 위하
여 많은 영적 전쟁이 있다는 것을 말하고 있다(갈 5:16-26). 그리스도 예
수의 사람들은 육체와 함께 그 정욕과 탐심을 십자가에 못 박은 자들
이다(갈 5:24). 기독교 신앙은 어떤 교육이나 훈련이 아니다. 형식도 아
니고 종교적인 행사도 아니다. 나 자신이 온전히 없어지고 내 안에 계
신 그리스도의 뜻을 그리스도께서 이루어가시도록 온전히 맡겨드리
는 생활이다. 그래서 바울 사도도 "내가 그리스도와 함께 십자가에 못
박혔나니 그런즉 이제는 내가 사는 것이 아니요 오직 내 안에 그리스
도께서 사시는 것이라 이제 내가 육체 가운데 사는 것은 나를 사랑하
사 나를 위하여 자기 자신을 버리신 하나님의 아들을 믿는 믿음 안에

서 사는 것이라"(갈 2:20) 고백하였다.

3) 변화 (Change)

연합과 하나가 되는 것은 다르다. 연합은 둘 이상이 뭉쳐서 하나의
조직체가 되는 것으로 여러 이론이나 사상이 모여 하나의 조직을 만들
어가는 것이다. 그러나 그리스도 안에서의 연합은 "내가 그리스도 안
에, 그리스도께서 내 안에" 계시는 한 몸(體) 안에서의 온전한 연합이
다. 이제는 둘이 아니요 하나가 되는 것이다. 이것을 잘 표현하신 분이
예수님이시다. "나는 포도나무요 너희는 가지다"(요 15:5). 그리스도의 몸
으로서 지체가 되는 것이다.

"몸은 하나인데 많은 지체가 있고 몸의 지체가 많으나 한 몸임과 같이
그리스도도 그러하니라" (고전 12:12)

이제는 그리스도의 몸으로 하나가 되는 것이다. 옛날의 인간적인
나는 없어져 버리고 그리스도께서 내 삶의 주체가 되시는 것이다. 생
각과 행동에서 내가 아닌 그리스도의 생각과 행동으로 변화된다. 그
리스도는 부활하시고 승천하시기 전 약속하셨다 "내가 다시 너희에게
로 오리라"(요 14:19-20). 그는 보혜사로 우리에게 오셔서 우리 안에 계심
으로 우리를 인도하시고 가르치시고 깨닫게 하시고 우리를 통하여 하
나님의 뜻을 이루어가신다. 신앙은 하나님의 말씀이 우리 안에 들어

와서 성령님께서 우리를 통하여 하나님의 뜻을 이루시는 과정이다. 베드로 서신을 비롯하여 사도들이 보낸 서신서를 보라! 그들의 지식과 학문으로는 할 수 없는 문학적 · 철학적 이론과 영적 지식으로 하나님의 말씀을 기록한 것을 보라! 베드로라는 사람의 수준이 아니다. 그 안에 계시는 성령님의 역사이다. 오순절 성령 강림 이후 사도들의 생애는 자신들의 과거 옛 사람의 모습이 아니었다. 사도행전 3장에서 나면서부터 걷지 못하는 앉은뱅이 걸인에게 베드로는 말했다. "은과 금은 내게 없거니와 내게 있는 이것을 주노니 나사렛 예수 그리스도의 이름으로 일어나 걸으라" 그러자 그가 발과 발목에 힘이 생겨서 걷기도 하고 뛰기도 하고 성전을 들어가며 나가며 하나님께 영광을 돌렸다(행 3:1-10). 옛날의 베드로가 아니었다. 그는 담대하였다. 믿음의 확신으로 많은 사람에게 설교하고 감동을 주어 회개하게 하였다. 하나님의 말씀이 생각나고 기억남으로 담대히 그리스도를 증거하는 증인이 되었다. 옛날의 베드로가 아니었고 오직 그리스도의 사람으로 살아가게 되었다. 이것은 하나의 표본이라 할 수 있다. 그것이 바로 신앙의 변화요 열매인 것이다. 갈라디아서 5장 22-23절에 성령의 열매를 말하고 있는데, 이런 것들은 성령의 사람에게 그때와 상황에 따라 우리 안에 계신 성령의 역사로 자연스럽게 나타나는 것이다. 포도나무 가지에 포도가 열리는 것처럼 "너희가 내 안에 있으면 많은 열매를 맺는다"고 그리스도께서 말씀하신다(요 15:5). 그래서 예수님은 요한복음 14장 12절에서 "내가 진실로 진실로 너희에게 이르노니 나를 믿는 자는 내가 하는 일을 그도 할 것이요 또한 그보다 큰 일도 하리니"

하신 것이다. 오직 내 안에 계신 그리스도의 영이신 성령 하나님이 친히 그리스도의 일을 하시는 것이다.

"바람이 임의로 불매 네가 그 소리는 들어도 어디서 와서 어디로 가는지 알지 못하나니…"(요 3:8)

그 나타나는 것을 통하여 바람을 느끼고 알게 되듯이 성령의 사람도 이와 같이 인생의 변화를 가져오게 된다. 그러므로 이런 변화가 없는 사람은 아직 믿음에 이르지 못한 결과이다. 그래서 기독교는 변화요 능력이요 역사이다. 우리가 오직 그리스도로 하나되었을 때에 성령님께서 친히 우리를 통하여 일하게 된다. 이러한 변화의 역사가 기독교의 생명이다.

성경신학 총론

제 13 장 _ 율법과 은혜(律法과 恩惠)

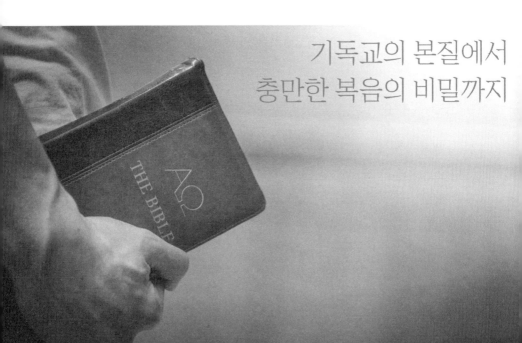

기독교의 본질에서
충만한 복음의 비밀까지

13장

율법과 은혜(律法과 恩惠)

　기독교가 가장 중요하게 이해해야 할 부분은 율법과 은혜의 관계이다. 율법하면 우리는 구약 성경, 그것도 모세오경을 생각한다. 그렇다. 율법은 구약의 핵심이며 이스라엘을 만들고 하나님의 뜻을 이 세상에 이루어가는 과정이다. 그래서 율법과 은혜가 상반(相反)되는 것이 아니다. 율법 시대에도 은혜가 있었다. 율법은 은혜를 더욱 은혜되게 하기 위한 방편이었다. 뿐만 아니라 율법이 있기 전에도 죄가 있었고 은혜가 있었다. 창세기 3장의 아담과 하와가 범죄하였을 때에도 죄가 있었기에 그들은 하나님을 두려워하였고(창 3:10), 저주가 있었고, 그들의 부끄러움을 덮어주는 은혜가 있었다(창 3:21). 율법은 오랜 후에 아브라함을 부르시고 예정하신 뜻대로 한 민족을 이루시고 하나님이 자기의 거룩함을 계시하시고 은혜를 주시기 위한 하나님의 의로우신 작정이었다.

1 _ 율법을 주심

구약에 나타난 율법은 이스라엘 민족이 출애굽하여 광야 생활 중에 하나님이 시내산에서 모세를 부르셔서 친히 이스라엘 백성들에게 주신 계명이요 언약이다. 광야 공동체 생활에 하나님이 계심을 알면서도 믿지 아니하고 육체의 욕구대로 살아가는 인간들에게 죄가 무엇인지 그리고 죄의 대가가 무엇인지 알려주시기 위하여 하나님은 이스라엘 백성들에게 언약으로 율법을 주신 것이다. 이는 이 세상 여러 민족 가운데서 이스라엘 민족을 자기 백성 삼으시고 하나님의 거룩성을 보여주시기 위함이었다.

"세계가 다 내게 속하였나니 너희가 내 말을 잘 듣고 내 언약을 지키면 너희는 모든 민족 중에서 내 소유가 되겠고 너희가 내게 대하여 제사장 나라가 되며 거룩한 백성이 되리라 너는 이 말을 이스라엘 자손에게 전할지니라" (출 19:5-6)

율법은 법이기 전에 이스라엘 백성에게 복을 주시고 그들을 거룩한 백성으로 삼으시기 위한 이스라엘 백성과의 언약이었다. 그러나 이들은 이것을 지킬만한 능력도 의지도 없이 하나님과 언약을 맺었다. 그러다보니 범죄한 백성들에게 죄를 정하는 법이 되어버렸고 이들은 이로 인해 죄의 형벌을 받게 되었다. 법은 언제나 죄를 정하게 되고 이스라엘은 범죄로 인하여 하나님과의 언약이 저주가 되어버렸다.

하나님은 가장 기본적인 십계명을 주셨는데, 이것은 법이기 전에 언약으로서의 복이었다. 그대로 하면 인생들은 인간답게 하나님이 주신 평안을 누리며 살 수 있다. 그러나 인간은 이것을 지키지 못하여 저주 아래 있게 되고, 죄는 죄를 낳으며 점점 하나님과 멀어지고, 율법이 오므로 더욱 정죄와 저주가 인간들에게 주어지게 되어 율법이 저주와 죽이는 법으로 전락하게 되었다. 여기에서 하나님은 인간의 행위로는 즉 율법을 지킴으로는 의에 이를 수 없다는 것을 인간이 알게 하셨다. 이 것을 '행위 언약'이라 한다. 인간은 행위로는 의롭게 될 수 없는 존재이다. 시조 아담으로부터 범죄한 인간이기에 태어나면서부터 죄인이므로 온전한 행위로, 율법을 온전히 지킴으로 의에 이를 수가 없다. 인간이 마음으로 죄를 원하지 아니하여도 죄에 이르게 되는 것은 "내가 아니요 내 속에 거하는 죄"라고 바울은 설명하고 있다(롬 7:16-20). 그래서 행위로 지켜야 하는 법으로는 인간이 의에 이를 수가 없는 것이다.

2 _ 죄를 알게 하심

그렇다면 왜 율법을 주셨는가? 그렇다. 인간이 행위로는 의롭게 될 수 없다는 것을 하나님은 아시고 인간들에게 죄가 무엇이고 죄가 얼마나 무서운 저주가 된다는 것을 알려주시기 위하여 하나님의 백성들에게 율법을 주신 것이다. 그래서 율법으로는 구원을 받을 수 없고 죄를 깨닫게 된다. 이런 의도로 하나님은 인간이 얼마나 죄인인가를 깨

닿게 해주시려고 율법을 주셨다. 의학적으로 말하면 율법의 역할은 병을 찾아내는 검진과도 같은 역할이다. X-ray나 CT나 MRI 같은 영상기구를 통하여 자기 몸에 있는 질병과 병의 정도를 발견하듯이 율법을 통하여 인간들은 자기가 어떤 죄인인가를 발견하게 된다. 그래서 로마서 3장 20절에도 "그러므로 율법의 행위로 그의 앞에 의롭다 하심을 얻을 육체가 없나니 율법으로는 죄를 깨달음이니라"고 하였다. 사람이 질병을 발견할 때 불안과 두려움이 있는 것처럼 우리가 죄를 발견할 때에 그 죄로 인하여 주어질 저주를 생각하고 절망하게 되는 것이다. 죄로 인하여 오는 저주는 인생의 모든 불행이요 사망이요 영원한 멸망이라는 것이다. 그래서 로마서 6장 23절에 한마디로 "죄의 삯은 사망"이라 하였다. 여기서 사망은 단순한 육체의 죽음만을 의미하는 것이 아니다. 영원한 불행의 멸망이다. 왜냐하면 사망을 선고하고 곧바로 "하나님의 은사는 그리스도 예수 우리 주 안에 있는 영생이니라" 하였으니 사망도 이와 같이 해석하면 된다.

우리가 기억할 것은 의학의 영상기구들이 질병을 보고 발견하였다고 해도 영상기구가 질병을 치료하는 것은 아니란 점이다. 이와 같이 율법이 죄를 깨닫게 하였을지라도 그 율법이 죄를 없이 할 수 없다는 것이다. 인간은 죄인으로 태어난 존재이며 피조물이기에, 거룩하신 하나님의 기준으로 세운 율법을 행함으로 의롭게 되고 죄가 없어지는 것이 아니다. 그래서 하나님께서 인간을 구원하시고자 하시는 무조건적 무한의 사랑으로 한 의(義)를 세우셨는데, 그 의(義)가 바로 예수 그리스도이다(롬 3:21). 이것은 우연이 아니고 하나님의 예정으로 율법과 선지자들을 통하여 항상 예고하셨던 일이다(롬 3:21-22). 이것을 성경은 '한 의' 라 하셨다. 인간으로는 할 수 없는 것을 하나님이 또 다른 한 의를 행하셨다는 것이다. 이것이 성육신으로 나타나신 예수 그리스도의 복음이요 이것을 완성하시는 것이 십자가의 죽으심과 부활 사건이다.

3 _ 은혜

은혜란 하나님이 인간을 구원하시고자 하는 무조건적이고 무한의 사랑 안에서 이루어지는 사건들이다. 은혜란 '값없이 거저 주시는 선물' 이라 하는데 하나님의 뜻을 이루시기 위한 주권적 사랑의 역사이다. 원래 은혜란 히브리어로 '헤세드'(chesed)라 하는데 다양한 의미를 가지고 있다. 긍휼, 자비, 선물, 기쁨, 무조건적 사랑에서 이루어지는데 신약에서도 '카리스'(xaris)라고 하여 '값없이 거저 주시는 선물', '자격 없는 자에게 베푸시는 사랑의 역사' 를 말한다.

은혜를 말하면 '일반적인 은혜' 라는 것이 있다. 교의신학에서도 하나님의 계시를 일반 계시와 특별 계시로 구분하는데 은혜에 있어서도 '일반적 보편적 은혜' 와 '구원을 위한 특별한 은혜' 로 구분하게 된다. 인간들이 이 세상에서 살아갈 수 있는 모든 조건들을 하나님은 값없이 자연과 함께 베푸시는 것이다. 어느 것 하나 은혜가 아닌 것이 없다. 즉 예를 들어 햇빛(태양의 빛)을 통하여 모든 생명체를 존재하게 하시고 성장하게 하시는 것! 이것 하나만으로도 이어서 다양한 설명이 나오게 된다. 이런 것들을 '일반적 은혜'라 한다. 그러나 기독교에서 말하는 은혜는 하나님께서 우리를 구원하시고자 하시는 '특별한 은혜'를 말하는 것이다. 이는 일반적 은혜를 초월하여 죄의 저주 아래서 영원히 멸망 받을 인간을 구원하시기 위한 하나님의 역사이다.

율법이 세상에 오니까 인간들은 죄 아래 있는 것을 알게 되고 그 죄의 저주로 영원히 불행한 운명에 처하게 된 것이다. "의인은 없나니 하나도 없다"고 하심과 같이 모두 죄인이다 보니 인간은 인간 스스로 이 죄악의 문제를 해결할 수 없는 것이다. 그래서 하나님은 인간을 구원하시기 위한 '한 의(義)'를 세우셨는데 그것이 복음이요 하나님의 사랑이요 은혜인 것이다. 이것은 죄와 저주 아래 있는 인간들을 구원하시기 위한 하나님의 사랑의 예정인데, 이것을 로마서 3장 21절에서는 "율법 외에 하나님의 한 의"라고 표현하였다. 그렇다. 행위를 요구하는 율법이 아니고 인간의 죄를 속하시기 위한 한 방법으로 미리 율법과 선지자들을 통하여 예시하여 준 것으로 '예수 그리스도를 믿음으로 말미암아 이루어지는 복음이요 하나님의 의의 역사'이다. 모든 사람이 죄를 범하여 하나님의 영광에 이르기 못하였기 때문에 그리스도께서 육신을 입고 이 땅에 오신 것이다.

성육신(Incarnation)의 은혜

성육신은 최고의 은혜의 수단이다. 하나님은 사랑의 실상을 우리에게 보이시려고 사랑의 완성을 위하여 몸소(oneself) 행위로 그 사랑을 나타내셨다. 그러므로 인간 구원의 역사는 하나님 자신의 뜻에 의한 하나님의 역사이다(엡 1:3-6). 성육신이야말로 인간의 언어로 다 표현할수 없는 사랑이기에 '아가페'라 한다. 거룩하신 창조주 하나님이 피조물인 인간을 사랑하셔서 친히 그 몸을 입고 인간의 불행을 해결하여 주시고 하나님의 생명, 즉 영생을 주시고 영원한 영광에 함께 하시고자 육신의 몸으로, 종의 모습으로, 죄인의 모습으로, 전능하신 능력으로 화육(化肉)하신 것이다. 그러므로 성육신 자체가 최고의 은혜이다. 완전한 인간의 삶을 사시므로 구원받은 인생들의 연약함을 친히도우실 수 있는 영원한 대제사장이 되신 것이다. 그래서 히브리서 기자는 "우리는 긍휼하심을 받고 때를 따라 돕는 은혜를 얻기 위하여 은혜의 보좌 앞에 담대히 나아갈 것이니라" 하였다(히 4:16).

십자가의 죽으심과 부활

은혜란 거저주시는 하나님의 사랑의 역사이다. 이 사랑의 최고의행위가 십자가이다. 사랑은 희생이다. 희생이 없는 사랑은 사랑일 수가 없다. 하나님의 사랑의 희생을 보여주시는 수단들이 성육신이요 성육신 생활이요 십자가다. 십자가는 온전히 인간들이 해결할 수 없는죄의 값을 지불하여 주시는 사랑의 공의의 수단이다. 그렇다. 십자가의 죽으심은 속죄의 제물로 죄의 값이 지불되고 이로 말미암아 속량하시고 불행의 원인이 되는 죄에서 우리를 완전히 해방하신 은혜이다.

"우리는 그리스도 안에서 그의 은혜의 풍성함을 따라 그의 피로 말미암아 속량 곧 죄 사함을 받았느니라" (엡 1:7)

그렇다. 십자가의 죽으심은 하나님의 은혜의 사랑이다.

"사랑은 여기 있으니 우리가 하나님을 사랑한 것이 아니요 하나님이 우리를 사랑하사 우리 죄를 속하기 위하여 화목제물로 그 아들을 보내셨음이라"(요일 4:10)

우리의 뜻이 아니고 하나님이 우리를 사랑하신 그 사랑이다. 바울은 로마서 5장 8절에서 "우리가 아직 죄인 되었을 때에 그리스도께서 우리를 위하여 죽으심으로 하나님께서 우리에 대한 자기의 사랑을 확증하셨느니라" 하였다. 이어서 10절에서 "곧 우리가 원수 되었을 때에 그의 아들의 죽으심으로 말미암아 하나님과 화목하게 되었은즉 화목하게 된 자로서는 더욱 그의 살아나심으로 말미암아 구원을 받을 것"이라고 했다. 이것이 하나님의 은혜이다. 이것을 바울은 "하나님 안에서 또한 즐거워한다"(롬 5:11)고 하였다. 사랑은 즐거움이요 자발적인 행위의 행복이다. 이것을 온전히 보증하시기 위하여 죽은 자 가운데서 삼 일 만에 무덤에서 부활하심으로 하나님의 역사임을 보여주시고 영원한 속죄를 선포하여 주신 것이다. 예수님은 하나님으로 온전한 육신을 입고 오셔서 사람이 되사 죄 없는 피로서 속죄의 제물이 되신 것이다. 이것이 하나님의 은혜의 예정이요 보여주신 사랑이시다.

본래 우리는 이런 사랑을 받을 만한 가치가 있는 자들이 아니다. 에베소서 2장 3절에서 "본질상 진노의 자녀"라 하였다. 그런데 "긍휼이 풍성하신 하나님이 우리를 사랑하신 그 큰 사랑을 인하여 허물로 죽은 우리를" 그리스도의 죽으심과 부활로 온전히 새롭게 세우시고 그리스도와 함께 자녀 삼아주시는 것이 은혜이다. 이 일은 인간들의 의지가 조금도 들어가지 아니한 오직 하나님의 온전하신 뜻에 의한 사랑의 역사이다.

4 _ 영생 (Eternal Life)

영생은 하나님의 생명이다. 보이는 피조의 세계에는 영생이 없다. 오직 하나님만이 시작도 끝도 없으신 영원한 생명이시다. 그런데 그 아들을 세상에 보내셔서 십자가로 죄를 속량하고 의롭다 하시는 것은 이 영생을 얻게 하려는 하나님의 의도이시다(요 3:16). 죄로 말미암아 영원히 멸망 아래 있는 인간들에게 영생을 주신다는 것은 최고의 복음이다. 이 뜻을 이루기 위하여 끊임없는 하나님의 사랑의 역사가 있는데, 그것이 구약의 역사와 신약의 역사의 핵심이다. 신약에서는 성육신으로 나타나시고 이 사실을 믿는 자에게 약속대로 영생이 주어지는데 이것이 진정한 구원이다. 여기서 믿는다는 것은 이 사실을 인정하고 받아들이는 것이다. 즉 예수 그리스도를 하나님의 사랑으로 받아들이는 것이다. 그러면 자녀가 되는 권세를 주시는데, 이것은 세상이나 자연의 원리에 따른 것이 아니고 하나님에 의한 것이다(요 1:12-13). 그래서 "아버지께서 자기 속에 생명이 있음 같이 아들에게도 생명을 주어 그 속에 있게 하셨다"(요 5:26). 예수님도 자신이 길이요 진리요 생명이라고(요 14:6) 말씀하시므로 친히 영원한 생명이 자신으로 말미암아 이루어지는 것임을 말씀하셨다. 그래서 믿는 자들에게 하나님께서 영생을 주셨다는 것을 요한일서 5장 11절이 증거하고 있는 것이다.

"또 증거는 이것이니 하나님이 우리에게 영생을 주신 것과 이 생명이 그의 아들 안에 있는 그것이니라 아들이 있는 자에게는 생명이 있고 하나님의 아들이 없는 자에게는 생명이 없느니라" (요일 5:11)

그렇다. 예수를 그리스도로, 하나님의 아들로, 하나님의 사랑으로, 받아들이는 자에게는 모든 죄에서 속죄, 즉 속량하여 주시고 의롭다 하시며 영원한 생명을 주시고 자녀 삼아주시는 것이다. 이것은 사람의 바람이 아니고 하나님의 영원한 사랑의 예정이다. 그러므로 믿는 자에게 영생을 주시는 것은 우리의 행위가 아니요 하나님이 믿는 자에게 거저 주시는 은혜이다.

부활 생명 (復活 生命)

영생은 부활 생명이다. 기독교에서 말하는 부활은 단지 죽은 자가 다시 사는 것을 말하는 것이 아니다. 의학적으로 심장이 멈추고 죽었다가 다시 살아난 사람들이 더러 있다. 그러나 그런 사람들에게도 인생을 끝내는 죽음이 다시 찾아온다. 기독교의 부활은 죽은 자 가운데서 다시 살아서 영원히 죽지 않는 생명이다. 예수님은 자신이 "부활이요 생명이니라" 하셨다(요 11:25-26). 이와 같이 예수님은 십자가의 죽음으로 장사 지낸바 되었다가 죽은 자 가운데서 다시 살아나셔서 지금도 그리고 영원히 살아계신다. 이와 같이 그리스도의 생명, 즉 영생을 얻은 자들은 때가 되면 죽은 자 가운데서 다시 살아나 그리스도와 함께 그 영광 가운데 영원히 살게 되는 것이다. 그래서 골로새서 3장 4절에는 "우리 생명이신 그리스도께서 나타나실 그 때에 너희도 그와 함께 영광 중에 나타나리라"고 하였다. 그리하여 부활한 성도들은 그리스도와 함께 하나님께서 예비하신 새 하늘과 새 땅, 하나님의 도성, 새 예루살렘 성, 이 세상에 있었던 모든 고통과 눈물이 없는 영원한 하늘나라에서 하나님 아버지를 모시고 영원히 영광 중에 영생하게 되는 것이다(계 21:1-4). 다시는 저주가 없고 하나님의 영광의 빛 속에서 다시는 밤이 없는, 은혜의 강과 생명수 강과 생명나무 아래서 영원히 영생하게 되는데 이 모든 것이 하나님의 예정된 은혜인 것이다(계 22:1-5).

성경신학 총론

제 14 장_ 그리스도인의 성경적 생활

기독교의 본질에서
충만한 복음의 비밀까지

14장

그리스도인의 성경적 생활

1 _ 가치관의 변화

그리스도인의 생활은 가치관에서 변화를 가져온다.

바울은 골로새서 3장에서 "너희가 그리스도와 함께 다시 살리심을 받았으면(거듭났으면) 위의 것을 찾으라 거기는 그리스도께서 하나님 우편에 앉아 계시느니라"(골 3:1) 하였다. 이것은 형이상학적 사고를 넘어서 영적인 문제를 의미한다. "위의 것을 생각하고 땅의 것을 생각하지 말라"(골 3:2) 이것은 우리가 찾는 삶의 의미와 목적이 땅에 있지 않다는 것이다. 왜냐하면 우리 생명이 그리스도와 함께 하나님 안에 감추어져 있다는 것이다(골 3:3).

> "그러므로 땅에 있는 지체를 죽이라 곧 음란과 부정과 사욕과 악한 정욕과
>
> 탐심이니 … 이것들로 말미암아 하나님의 진노가 임하느니라" (골 3:5-6)

"위의 것을 찾으라" 하신다. 히브리서 기자도 "믿음의 주요 또 온전하게 하시는 이인 예수를 바라보자"(히 12:2) 하였다. 그리스도인은 생각이 바꾸어진 사람들이다. 땅의 것을 생각하는 것이 아니고 예수 그리스도 안에서 우리에게 나타나실 하나님의 크고 영광스러운 기업에 관심을 두고 사는 사람들이다. 바울 사도는 그리스도를 위하여 자기에게 유익하던 모든 것을 해로 여기고 예수 그리스도 안에 숨겨진 부활의 능력과 영광을 위하여 모든 것을 잃어버리고 배설물로 여긴다고 하였다(빌 3:7-8).

그렇다. 그리스도인은 보이는 것을 얻으려고 싸우는 사람들이 아니다. 세상적인 부와 명예와 권력을 위하여 싸우는 사람들이 아니고 오히려 내려놓고 포기하고 미래에 있을 영광을 위하여 즐거움으로 희생하는 사람들이다. 그래서 고린도후서 4장 18절에도 "우리가 주목(注目)하는 것은 보이는 것이 아니요 보이지 않는 것이니 보이는 것은 잠깐이요 보이지 않는 것은 영원함이라" 하시므로 우리의 삶의 목적이 세상에 있는 것이 아니라고 하신다. 베드로 사도도 세상의 소망은 썩어지고 더럽고 쇠하여지는 것이요 하나님께서 우리를 위하여 간직하신 소망은 영원한 "산 소망"이라고(벧전 1:3-4) 하였다. 또 이 세상에서의 삶을 "행인과 나그네"라고 말하였다(벧전 2:11). 그렇다. 그리스도인들은 세상이 아닌 영원한 하나님의 계획 속에 있음을 믿고 이 세상에서 하나님의 말씀을 이루며 살아가기를 힘쓰는 자들이다. 세상의 것으로 인생을 망치는 자들이 아니고 이 세상 것을 통하여 더 나은 하나님의 뜻이 이루어질 것을 바라보며 믿음으로 극복해나가는 불굴(不屈)의 사람들이다. 보이는 것에서 보이지 않는 것을, 현재에서 미래를, 세상보다 영원의 세계를 바라보는 미래의 사람들이다.

2 _ 자족의 생활

하나님은 천지 만물을 하나님의 지혜와 능력으로 창조하시고 인간의 생존을 위하여 완전한 환경을 만드시고 인간을 창조하셨다. 그리고 다스리고 정복하고 누리도록 인간에게 위임하셨다. 사람인 아담에게 하나님의 창조물의 이름을 부여하는 권세를 주셨다.

> "여호와 하나님이 흙으로 각종 들짐승과 공중의 각종 새를 지으시고 아담이 무엇이라고 부르나 보시려고 그것들을 그에게로 이끌어 가시니 아담이 각 생물을 부르는 것이 곧 그 이름이 되었더라 아담이 모든 가축과 공중의 새와 들의 모든 짐승에게 이름을 주니라" (창 2:19-20)

이 세상의 모든 것은 인간이 살아가는데 필요한 것들로 부족한 것이 없게 하셨다. 예수님도 산상 수훈에서 생존에 대한 "염려를 하지 말라" 이것은 불신앙의 사람들이 하는 것이라고 하셨고 오히려 "하나님의 나라와 그의 의를 구하라 그리하면 이 모든 것을 너희에게 더하시리라" 하셨다. 신앙의 사람들은 성경적으로 하나님을 믿고 사는 자족의 삶을 살아야 한다. 그렇다고 나태하게 사는 것은 "생육하고 번성하고 다스리고 정복하라" 하시는 말씀에 불순종하는 죄가 된다. 우리는 어느 환경에 처하든지 최선을 다하여 하나님의 사람으로 살아야 한다. 구약 시대의 이스라엘과는 맺은 약속의 말씀대로 믿음으로 사는 자에게 복을 약속하셨고 또 아브라함의 후손들에게 그 약속대로 역사하셨다. 그러나 예수 그리스도의 성육신으로 완성하신 구원의 사랑을 믿는 자에게는 하나님의 사랑에 감격하여 살아가는 자족의 생활이 펼쳐지게 되는 것이다. 지금 우리는 새로운 시대의 신앙을 살아가고 있다. 예수님께서 "새 술은 새 부대에 담아야 한다"고 하신 말씀대로 구약 시대의 보이는 세상의 나라가 아닌 본래 예정하신 하나님의 나라를 소망하고 이루며 살아가는 생활이다. 그래서 무엇을 먹을까 무엇을 마실까 무엇을 입을까 염려하는 삶이 아니라 먹는 것보다 더 소중한 생명을, 의복보다 더 소중한 몸을 주신 하나님을 의지하고 하나님의 섭리를 믿는 삶을 산다. 이 삶은 성육신과 함께 우리에게 주어진 죄사함과 구원의 은혜에 사로잡혀 어느 환경에 처하든지 구원의 기쁨을 가진 자로서 주어진 환경에 감사하며 믿음으로 극복하며 살아가는 삶이다. 바울 사도의 자족하는 생활은 우리 신앙의 본이요 성경적인 모델이다.

"… 어떠한 형편에든지 나는 자족하기를 배웠노니" (빌 4:11)

자족하는 삶은 풍부에 처할 줄도 알고 가난에 처할 줄도 알고 매맞음과 감옥과 생사의 어떤 환경에도 그리스도를 믿는 믿음으로 감당하는 삶을 의미한다. 풍부할 때는 서로 나눔으로 함께 누리고 고난과 굶

주림에도 고난받으신 그리스도의 고난에 참여함을 감사하며 믿음으로 승화하는 삶이 자족하는 생활이다. 그리스도인은 어느 곳에서든지 말씀이 내 생활에서 이루어지고 하나님의 뜻을 따라 성령의 인도를 받고 사는 것이다. 우리는 하나님께서 우리의 환경과 믿음에 따라 그 뜻을 이루고 계심을 믿고 자족하는 삶을 살아야 한다. 그래서 바울은 빌립보 감옥에 있으면서 빌립보 교인들에게 오히려 기뻐하고 기뻐하며 살라고 하였다.

"주 안에서 항상 기뻐하라 내가 다시 말하노니 기뻐하라 너희 관용을 모든 사람에게 알게 하라 주께서 가까우시니라" (빌 4:4-5)

구원받은 백성은 현실에 매여 사는 자들이 아니고 현재와 비교할 수 없는 하나님의 나라를 소망함으로 오늘을 살아가는 것이다. 그래서 그리스도인은 탐욕으로 살지 아니하고 현재의 일이 하나님 앞에서 평가를 받는다는 것을 생각하고 내게 주어진 환경에서 감사하며 최선을 다하고 사는 것이다. 그래서 바울은 무슨 일을 하든지 "그리스도에게 하듯 하라"고 명했다.

"종들아 두려워하고 떨며 성실한 마음으로 육체의 상전에게 순종하기를 그리스도께 하듯 하라" (엡 6:5)

자족하는 생활은 어떤 환경에서든지 최선을 다하고 믿음을 지켜서 하나님의 뜻을 이루어가는 것이다.

3 _ 미래 지향적인 생활

하나님의 부르심에는 우리를 향하신 뜻이 있다. 그래서 바울은 에베소 교회를 위해 기도할 때 이 부르심에 숨겨진 영광을 알게 해달라고 기도했다.

> "우리 주 예수 그리스도의 하나님, 영광의 아버지께서 지혜와 계시의 영을 너희에게 주사 하나님을 알게 하시고 너희 마음의 눈을 밝히사 그의 부르심의 소망이 무엇이며 성도 안에서 그 기업의 영광의 풍성함이 무엇이며 그의 힘의 위력으로 역사하심을 따라 믿는 우리에게 베푸신 능력의 지극히 크심이 어떠한 것을 너희로 알게 하시기를 구하노라"
> (엡 1:17-19)

그래서 항상 그리스도인들은 긍정적인 사고를 가지고 우리의 삶의 환경에서 위대하신 하나님의 경륜이 이루어지기를 바라고 산다. 그래서 로마서 8장 28절에도 "우리가 알거니와 하나님을 사랑하는 자 곧 그의 뜻대로 부르심을 입은 자들에게는 모든 것이 합력하여 선을 이루느니라" 하셨다. 현재를 통하여 더 좋은 미래를 준비하시는 좋으신 하나님을 믿는다. 현재의 삶이 고달프고 힘들어도 이 모든 것을 통하여 우리의 믿음을 이루어가는 삶을 살아간다. 미래지향적이라 하여 자기의 이상이나 비전을 의미하는 것이 아니라 하나님의 뜻이 이루어지기 위하여 감사로 자기를 희생하는 것이다. 공동체 안에 하나님의 나라 그리고 우리 안에 세워질 하나님의 나라를 위해 자기의 모든 것을 포기하는 것이다. 예수님도 요한복음 6장 38절에 "내가 하늘에서 내려온 것은 내 뜻을 행하려 함이 아니요 나를 보내신 이의 뜻을 행하려 함이니라" 하심으로 그리스도인의 삶의 목적을 말씀하셨다. 나그네와 행인같은 인생의 여정을 사는 그리스도인은 우리를 부르신 하나님의 뜻이 이루어지기를 소원하며 살아가야 한다. 이 세상에서 하나님의 뜻을 이루어 영원한 하나님 나라의 유업을 이을 자로서 소망을 가지고 사는 것이다.

"생각하건대 현재의 고난은 장차 우리에게 나타날 영광과 비교할 수 없도다"(롬 8:18)

우리는 현재를 살면서 미래의 하나님의 기업의 영광을 소망하며 살기 때문에 어떠한 환경에서도 자족하며 사는 것이다.

4 _ 생기가 넘치는 생활

그리스도인은 세상 사람들이 상상도 할 수 없는 비밀을 가지고 산다. 이 비밀은 하나님과 우리 사이에 믿음으로 이루어진 비밀의 약속이다. 하나님과 우리의 관계는 약속의 관계이다. 이것은 구약의 아브라함에게도 적용되었으며, 그는 그 약속을 세상에서도 다 받았다.

> "하나님이 아브라함에게 약속하실 때에 가리켜 맹세할 자가 자기보다 더 큰 이가 없으므로 자기를 가리켜 맹세하여 이르시되 내가 반드시 너에게 복 주고 복 주며 너를 번성하게 하고 번성하게 하리라 하셨더니 그가 이같이 오래 참아 약속을 받았느니라"(히 6:13-15)

그러나 신약의 성도들은 신약에 와서는 – 이 세상에서도 이루어지는 것일 수도 있지만 – 이런 눈에 보이는 일시적인 가치보다 쇠하지 아니하고 시들지 아니하고 썩지 아니하는 영원한 영광스러운 약속의 기업을 기다린다. 구약의 사건은 신약의 예표이기에 여호와 하나님은 약속을 하시고 그 약속을 이루시는 하나님이심을 보여주는 그림자일 뿐이다. 그래서 히브리서 6장 17절에 "하나님은 약속을 기업으로 받는 자들에게 그 뜻이 변하지 아니함을 충분히 나타내시려고 그 일을 맹세로 보증"하셨다고 하였다. 하나님의 말씀 자체가 약속이다. 하나님의 무한의 사랑인 십자가의 비밀을 믿는 자에게 십자가로 이루어 놓으신 그 기업의 영광스럽고 영원한 산 소망을 주시었다. 예수님은 '밭에 감추인 보화 비유'로 신앙의 기쁨과 담대함을 가르쳐주셨다.

> "천국은 마치 밭에 감추인 보화와 같으니 사람이 이를 발견한 후 숨겨

두고 기뻐하며 돌아가서 자기의 소유를 다 팔아 그 밭을 사느니라"

(마 13:44)

그리스도인은 하나님과의 약속을 가지고 있다. 이것은 세상 사람들에게는 이해가 되지 않는 믿음의 비밀이다. 자기의 가진 것과 내 인생의 전부를 포기할 수 있는 가치있는 비밀을 가진 사람들이다. 십자가로 이루어진 구속의 은총, 의인이 되는 은총, 하나님의 자녀가 되는 은총, 하나님의 유업을 이을 자로 세워지는 은총, 부활의 은총, 영생의 은총, 천국의 영광은 그리스도인들이 가지고 있는 그 무엇과도 바꿀 수 없는 하나님의 약속이다. 이 약속이 있기에 그리스도인들은 담대하고 어떤 고난도 은혜로 극복하며 구차하게 변명하지 않고 순교를 영광으로 받아들이면서 인생을 소망 중에 살아가는 것이다.